臨床行動療法テキスト
子どものための新世代の行動療法

園田順一［著］　前田直樹・境 泉洋［校訂］

金剛出版

はしがき

私たちは，1978年に『子どもの臨床行動療法』を出版しました。この本は皆さんに受け入れて頂いて版を重ねましたが，今は絶版となりました。そこで，今回これを基礎にして新たに改訂版として『臨床行動療法テキスト――子どものための新世代の行動療法』として出版するはこびとなりました。その間，理論も技法も発展しました。さらに種々の問題行動も広がってきました。私たちは，これらを積極的に取り入れて，衣を替えて行動療法の中に新しい考えかたも入れ込んだ新たな行動療法へと進んでいきました。私たちは，これを「新世代の行動療法」としました。これが本書です。

本書は，公認心理師や臨床心理士などの専門家を対象にしたばかりでなく，心理学を専攻している学生，保育士，児童指導員，児童福祉司，社会福祉士，精神保健福祉士，看護師，保健師，理学療法士，作業療法士，幼稚園や学校の先生さらには医療専門家（医師）にも役立つものと思われます。なお，本書は家庭において夜尿症や不登校の対応などに困っている保護者の皆さんにも参考になるのではないかと思います。大いに利用して頂きたいと思います。

2022年2月1日

園田順一

校訂者序文

本書の前身の書である『子どもの臨床行動療法——その技法と実際』（園田・高山，1978）は，行動療法に関する著書が少なかった時代に行動療法の教科書として長らく読み継がれてきた。園田先生が本書の執筆に取り組まれたのは，それから40年以上経過してからのことであり，その間に行動療法は認知行動療法と呼ばれるようになり，さらには関係フレーム理論，マインドフルネスも含めて発展を遂げてきた。本書では，こうした新たな理論や技法だけではなく，大幅な加筆が加えられており，お亡くなりになる直前まで精力的に研究を続けてこられた園田先生の思いがこもった一冊となっている。本書の出版は，これから認知行動療法を学ぼうとする初学者にとって大きな利益になるだろう。

本書構成は，大きく3つにわけることができる。第1章から第3章は，認知行動療法の歴史と背景理論である基礎編，第4章と第5章は機能分析と各種技法の解説からなる技法編，第6章が豊富な事例からなる事例編となっている。前身となる著書の当時から評価の高かった，理論，技法，事例といった教科書として必要な要素を十分に備えた内容となっている点は継承されている。基礎編では，行動療法の特徴とその誕生からの歴史，その背景にある理論がわかりやすい言葉で過不足なく解説されている。行動療法の背景に，オペラント条件づけ，レスポンデント条件づけがあることはよく知られているが，その発展に貢献した研究を紹介しながらの解説は，園田先生から昔話をしてもらっているような感覚になる。技法編では，行動療法に含まれる広範な技法を，その実施上のコツに至るまで解説を加えている。最後の事例編は，本書の最大の見どころといえる。園田先生が実践されてきた多様なフィールドでの事例がふんだんに盛り込まれ，先生の実践の場を見せていただいているような錯覚に陥る。園田先生の事例といえば，ご自身の博士論文のテーマでもあった不登校の事例だろう。本書でも不登校の事例が取り上げられているが，園田先生が不登校の子どもが登校を回避しないようにする環境づくりに加えて，回避をやめる時に子どもに掛かる負荷をできるだけ小さくする工夫も怠らなかったことを見逃さないでほしい。回避をやめるのはそれ相応の苦痛があるが，それを和らげるものとして，晩年に注目されていたのがマインドフルネスであったのかと思うところがある。このことは，本書の校訂を担っていただいた前田先生の追悼文（前田，2023）からも伺い知ることができる。

園田先生がご逝去された2022年2月20日の夕刻，園田先生の訃報を知らされた。連絡をくださった武井美智子先生から園田先生の娘さんとつないでいただき，翌日の通夜に参列をさせていただいた。お亡くなりになられた園田先生のお顔を拝見し，生前のお元気な姿が思い出された。私がひきこもりの研究を始めたころ，まだ学生だった私の研究に関心を持っていただき，研究を後押ししてくださるような励ましの言葉をたくさんいただいた。学会でお会いした時は，満面の笑顔で話を聞いてくださるだけではなく，誰よりも精力的に情報収集をされ，ご自身も発表され続ける姿は大きな刺激となった。公認心理師の資格が創設された2017年，園田先生は1935年生まれの82歳であられたと思うが，現任者講習に参加され資格取得にも励まれていた。地元が宮崎である筆者にとっては，鹿児島で日本行動療法学会第23回大会の大会会長，2002年には宮崎で第9回日本行動医学会学術総会の大会会長，2003年には日本カウンセリング学会第36回大会の大会会長を務められ，南九州に最先端の情報を届ける場を作られるバイタリティに感銘を受けていた。日本行動療法学会第23回大会は，私の師となる坂野雄二先生に出会った大会でもあり，園田先生がいなければ私の人生も大きく異なっていたかもしれない。園田先生との出会いには感謝してもしきれない。

本書の校訂者序文を筆者が書くのは大変恐縮であったが，本書の出版を持ちかけた者として，本書誕生までの経緯をお伝えしておきたい。本書は，園田先生のご遺作である。この原稿の存在を知ったのは，園田先生のお通夜であった。ご焼香を済ませ，ご遺族とお話をしているときに，園田先生がお亡くなりになる直前まで執筆活動を続けられていた話を伺った。私の知る園田先生らしいなと思いつつ，もしよろしかったら，その原稿を見せていただけないかとお願いしたのである。そうして見せていただいた原稿が本著の骨格となっている。ただ，執筆の途中でご逝去されたため，執筆が未完の部分も散見された。また，本書の前身となる『子どもの臨床行動療法』を出版した川島書店からの出版が難しい状況となっていることもあり，どのような形で出版するかも課題であった。しかし，前身の書の共著者である，高山巌先生は筆者が宮崎大学に在籍していたころの指導教官でもあり，園田先生，高山先生への御恩をお返しするためにも，何とかして本書を世に出したいという思いは強かった。

このような状況を金剛出版の立石正信社長に相談したところ，ご遺作の校訂をやっていただける先生がいればという条件で出版を引き受けてくださった。校訂については，園田先生の薫陶を誰よりも受けられた九州保健福祉大学の前田直樹先生にお引き受けいただけることになり，ご遺作の出版の目処を立てることができた。園田先生のご逝去から2年がたとうとしているが，出版までのハードルを考えると，立石社長のご英断と，前田先生の多大なるご尽力によって順調に出版に至ることができたと言える。

本書の出版においては，校訂を一手に担ってくださった前田先生の存在なしでは不可能な状況であった。園田先生の思いを引き継ぎ，園田先生の魂が乗り移ったような語り口と緻密な文献研究で校訂を実施してくださった前田先生には頭が下がる思いでいっぱいである。また，本書の出版を引き受けてくださった金剛出版の立石社長は，紙での出版に熱い思いを持っておられる貴重な出版人である。立石社長のご英断がなければ，本書が日の目を見ることはなかった。金剛出版の弓手正樹様にも新旧対応の確認，校正等を担っていただき，順調に出版作業を進めることができた。心より感謝申し上げたい。最後に，本書のもととなる原稿の存在を教えていただき，出版にもご了承くださったご遺族の皆様にも感謝申し上げたい。

本書の存在を知った当時，筆者が大会準備委員長として日本認知・行動療法学会を宮崎で開催する準備を進めているところであった。園田先生が牽引してくださった南九州で大会を開催できるタイミングということで，大会の中で追悼シンポジウムを開催することができた。筆者としては，本書の出版によって，園田先生，高山先生への御恩を少しでも返せたのであればと思うところである。本書を手に取られた方は，園田先生が読み聞かせてくれているような感覚でじっくりと味わいながら読み進めていただきたい。

初春の宮崎にて

令和6年1月13日

境　泉洋

引用文献

前田直樹（2023）．園田順一先生　生涯現役の行動療法家．認知行動療法研究，49（1），35-36．

園田順一・高山　巌（1978）．子どもの臨床行動療法――その技法と実際．川島書店．

目　次

第５章　行動療法の技法

第６章　行動療法による臨床

臨床行動療法テキスト

子どものための新世代の行動療法

第1章

新世代の行動療法

1. 行動療法の概念

行動療法は，1950年代の後半から，米国，英国を中心に急速に発展してきた行動科学に基づいた心理療法です。それは，その頃隆盛を誇っていた精神分析的な治療に対する批判を内に含みながら，それとは対立した形で発展してきた経緯があります。

行動療法の特徴は，第1に，もっぱら人間の行動を対象にしていることです。行動といっても，外に現れた行動ばかりでなく，認知，言語，情動，内臓機能，身体感覚まで含んだ広義の行動を指しています。第2に，その理論的根拠を現代の行動理論もしくは学習理論に置いていることです（行動理論と学習理論はほぼ同じ意味）。行動理論は，人間行動を解明していくために，条件づけの研究者や学習の研究者たちが，もっぱら科学的，実験的方法で研究し，発展させてきた行動科学の基礎理論です。

現代の行動理論は，**古典的条件づけ**（classical conditioning），**オペラント条件づけ**（operant conditioning），**モデリング理論**（modeling theory），そして**関係フレーム理論**（relational frame theory：RFT）から成り立っています。関係フレーム理論は，認知と言語の関係づけの理論であり，行動理論として近年新たに付け加えられた考え方です。これによって，認知も行動理論の中でとり扱うことができるようになりました。行動療法は，この行動理論の原理に基づいて，人間の行動を変容する心理的治療技法です。まさに，行動理論に準拠して技法を適用する科学的な心理療法ということになります。

ここで，行動療法における不適応行動の捉え方とその治療介入に対する考え方を具体的に述べることにします。人間行動のほとんどは，経験によって学習され，獲得されたものです。不適応行動も同じように，その生活過程において学習された行動であり，問題は，その行動が社会適応上望ましくないものであるということです。つまり，それらの行動の獲得のプロセスは普段の行動と何ら変わりはありません。社会的に望ましい行動と望ましくない行動，健全な行動と病的行動，さらには健康行動と不健康行動は連続しています。したがって，不適応行動を適応行動へ変容させる場合でも，特別な治療法を用いるわけではありません。先に述べた行動理論を理論的根拠にして，①すでに学習してしまったが，それが誤って学習されたために生じている不適応行動はこれを消去し，さらに修正し，②今までに適応行動が学習されなかったか，また，その出現頻度が低い行動は，望ましい行動を積極的に習得させ，適応行動の頻度を高めていくのです。

従来の心理療法の考え方は，不適応行動は，その根底に「ある無意識の原因」があり，それが**症状**（symptom）として外部に現れてきたものという捉え方をしていました。したがって，その心理療法は，その背後にある「原因」を取り除く作業をしなければならないというものでした。単なる症状除去は，症状転移が起こるか，別の形で症状を作り出すことになると考えられていました。それに対して，行動療法ではそのような考え方をとらず，症状は不適応行動と捉えます。つまり，症状は学習されたものであり，心理的治療は，その**学習の取り消し**（unlearning）であり，また，新しく**再学習**（relearning）するという考え方に立ちます。そこには，症状転移という捉え方はありません。もし再び不適応行動がみられるとしたら，それは新たに不適応行動が学習されたものであり，同様に，再発といわれるものも，新たに学習された不適応行動ということになります。

さらに，心理的障害の中に，**苦悩**（suffering）があります。これも新しい行動理論の関係づけ理論から説明できます。すなわち，ある言語刺激と他の言語刺激を恣意的に関係づけて悩みを生み出していることになります。例えば，「頭痛がする」という刺激に「脳腫瘍かもしれない」という刺激を勝手に結びつけて苦悩するのです。「苦悩」をやわらげる方法としては，**消去学習**（extinction learning）の原理を用いることになります。第3世代の行動療法で用いられている**マインドフルネス**（mindfulness）や**受容**（acceptance）を取り入れることになります。

2. 行動療法の特徴

行動療法は，他の心理療法とは異なり，行動理論に基づいたいくつかの重要な特徴があります。行動療法の主な特徴として以下の点が挙げられます。

(1) 行動の修正に焦点を当てる

行動療法の主な目的は，適応的な行動の頻度を増加させること，不適応行動の頻度を減少させること，個人の行動レパートリーの柔軟性を向上させることです。行動療法における行動とは，目に見える運動行動だけでなく，認知，感情，生理的反応なども含みます。行動療法の治療では，特定の行動の修正に焦点を当て，その行動の生起頻度を変化させること（パニック発作や夜尿などの頻度の減少，ソーシャルスキルの増加など）を目的としているため，治療結果は数値化・可視化されます。これは「人格の変容」や「本人の気づき」といった他の心理療法の抽象的で客観的な測定が困難な治療目標とは大きく異なります。

(2) 行動を機能として捉える

行動療法には行動を機能として捉える行動分析というプロセスがあります。行動分析では，すべての不適応行動には，個人が得られる何らかの望ましい結果が関連していると考えます。例えば，自傷行為を行うクライエントの行動を機能的に分析した結果，「親しい他者の関心を引きたい場合」にその行動が起こっているということがあります。このように，不適応行動を理解可能で学習された行動として捉えることによって，行動療法家はクライエントの不適応行動や問題行動を批判的に捉えるのではなく，クライエント自身が自分の行動のパターンを理解し，新しい行動のパターンを身につけたりすることを支援していきます。

(3) 行動療法は経験主義に基づく

行動療法家は，問題となる行動が維持されている要因についての仮説を立て，その妥当性を検証するためのデータを収集します。さらに，妥当性のあるさまざまな測定方法を用いて，自分たちが治療に適用した介入技法に効果があったかを検証します。

(4) 行動療法の治療効果は多くの研究で実証されている

さまざまな精神疾患に対する行動療法の治療効果は，これまで多くの研究によって明らかにされています。特にエビデンスの高いランダム化比較試験が，治療効果の検証に多く用いられている研究は行動療法や行動論的アプローチに関連する治療法がほとんどです。

(5) 行動療法は実践的である

行動療法はクライエントに対して積極的に働きかける心理療法です。

セッション中，クライエントにはさまざまな課題が出されます。例えば，前のセッションから次のセッションまでの間に，自身の行動や思考を観察して記録をつけてもらったり，ストレスマネジメントや筋肉を弛緩させるリラクゼーション法などを練習してもらったりします。行動療法家は積極的にクライエントに指導・助言を行いながら，治療計画に従ってクライエントと共同作業でセッションを進めていきます。クライエントは日常生活で実践的な課題を行うことによって，問題の解決を行っていくのです。

(6) 行動療法は問題の原因ではなく維持要因に焦点を当てる

行動療法は問題を引き起こしている原因ではなく，問題がどのように維持されているのかに焦点を当てて治療を行います。例えば，心的外傷後ストレス症（PTSD）のクライエントに対する治療の場合，行動療法家はクライエントが現在回避している特定の刺激や思考を症状の維持要因と仮定して，あえてそれに少しずつ直面させていくようなアプローチをとるかもしれません。精神分析的アプローチとは異なり，行動療法ではクライエントの幼少期の体験が後の精神疾患の症状を引き起こしているとは考えず，あくまでクライエントの現在に焦点を当てて治療を行います。

(7) 行動療法は透明性がある

行動療法では，クライエントに対してその理論的根拠について明確に説明した上で，それぞれのクライエントに適した治療方針を提示し，なぜその治療方針が必要なのかということを説明します。

(8) 行動療法は時間限定で行われる

他の心理療法と比べて行動療法は短期間であり，一般的に10～20セッションで終結します。もちろん，疾患の重症度や治療の内容によって，セッションの期間には幅があります。例えば，軽度の恐怖症の治療であれば，数回のセッションで終結することもあるし，境界性パーソナリティ障害などのような複雑な問題では，1年以上にわたるセッションが必要になるかもしれません。しかしながら，現在の不適応行動の修正に焦点を当てた行動療法は，他の心理療法よりも短期的で経済的であることは間違いないでしょう。

第２章

行動療法の歴史

行動療法は，常識的なセラピーと言われています。人間は，古来経験的に激励，説得，模倣，賞賛，罰や無視，さらには環境を変えることで行動を変えてきました。子どもの教育やしつけで，褒めたり，叱ったりして望ましい行動を伸ばし，望ましくない行動を減じてきました。確かに，行動療法も，このような方法で人の行動を変容させることを目的にしています。ただ，行動療法の場合は，学問的根拠のもとに，組織的かつ効率的に行動変容を推し進めているところにその特色があります。この常識的なセラピーが行動療法という名のもとに，世界において，臨床の場で活発に適用され出したのは1960年代からです。したがって，行動療法は**長い過去と短い歴史**（a long past but a short history）を持っていると言われています。

1. 歴史的先駆者たち

世に行動療法が現れる以前に，すでに古い時代から，いわゆる行動療法的な手法が用いられていたことが記録に残っています。例えば，ローマ時代にアルコール症に対して，飲酒者のグラスの底にクモを沈めて飲ませるという**嫌悪療法**（aversion therapy）のようなことが行われています。また，17世紀には，英国の哲学者であるジョン・ロックが，カエルを怖がっている子どもに対して，カエルに段階的に直面させる実際的な方法を取ったと記しています。これは行動療法の**エクスポージャー法**（exposure therapy）ということになります。また，19世紀初期においても，教育学者のランカスターが，小学校でクラスでの学業の進歩や授業中の集中に対してチケットを与え，それを賞品と交換するというクラス管理のシステムを採用しています。これは**トークンエコノミー法**（token economy）の原型ということになるでしょう。さらには，18世紀の末，南フランスの山中で発見された「アヴェロンの野生児」に対して，フランスの医学生だったイタールは，オペラント条件づけ学習と同じような手法で言葉を教え，社会的行動を教育したと記されています。これらの記述では，確かに行動療法的なアプローチを行っていたことが記されていますが，後の行動療法の確立にどの程度の影響を与えたのかという点については不明です。

一方，行動療法の確立には，ハル（Hull, C.），パブロフ（Pavlov, I.），スキナー（Skinner, B. F.），ソーンダイク（Thorndike, E.），ワトソン（Watson, J. B.）など，初期の学習心理学者の研究が非常に大きな影響を与えてきたという事実があります。

2. 第1世代の行動療法：実験的研究と人への応用

行動療法の歴史において，特筆すべき2つの実験的研究があります。1つ目は，1920年にワトソンとレイナー（Watson & Rayner, 1920）によって行われた研究です。「心理学の対象は行動である」と主張した行動主義者ワトソンは，米国のジョンズ・ホプキンズ大学教授の時，レイナーとの共同研究で，次のような実験を行いました。アルバートという名の生後11カ月の幼児を被験者にして，シロネズミを彼の近くにおき，シロネズミは何ら怖いものではない中性刺激であることを確かめてから，アルバート坊やがネズミに手をさしのべるたびに，その背後でハンマーで高い金属音をたてることにしました。すると，わずか7試行後には，彼はそのネズミに恐怖を示しはじめました。さらに，ネズミと類似のシロウサギや白い毛皮や綿にも恐怖を示しました（これを刺激般化という）。その後，ワトソンらはアルバート坊やの恐怖を取り除く作業をする予定でしたが，アルバート坊やの家族の都合で実施できなくなりました。

2つ目は，ジョーンズ（Jones, 1924）による幼児のウサギ恐怖を取り除く研究です。ワトソンの実験の4年後の1924年，ジョーンズはワトソンの指導のもとで，シロウサギに恐怖を持つ2歳10カ月の幼児ピーターのウサギ恐怖を取り除く実験を行いました。はじめに，ピーターの食事中にウサギを持ち込みます。ウサギが持ち込まれると，ピーターは今まで食べていた食べ物を急に口にしなくなり，ウサギにしり込みしました。それを見届けてから，ピーターとウサギの間隔を彼が食べるのに障害とならない程度まで引き離し，それから彼が食べることができる程度を見て，間隔を少しずつ接近させていきました。そして最終的には，ピーターが食事をしているテーブルのところにウサギをおき，手で触るまでに進めることができました。このようにして，彼のウサギ恐怖は克服されました。ジョーンズは，このほかの方法でも恐怖除去の試みを行っています。この2つの臨床的研究は，人の不適応行動の形成過程とその消失過程を実験的に示したことで，行動療法の歴史上で極めて特記すべきものとなりました。

行動療法の歴史における1つの源として**条件反射**（conditioned reflex）のパブロフを挙げなければなりません。パブロフは，学習理論の中の**古典的条件づけ**（classical conditioning）の生みの親です。1900年代の初期に，イヌの動物実験で，中性刺激（音）と食べ物を繰り返し対提示し，音だけで唾液を分泌する条件づけを形成しました。さらに，イヌの実験神経症の研究や人間の異常行動の解明に条件づけからの応用研究も行っています。同じくロシアの生理学者で心理学者でもあったベヒテレフ（Bechterev, V.）は，人間を対象とした条件反射学的研究を行い，「客観的心理学」という文献を著しました。彼は性的倒錯症やヒステリー性聴覚障害に対して，条件づけの立場から治療を試みています。また，カントロヴィッチ（Kantrovich, N.）は，アルコールに電気ショックを結合させる嫌悪療法をアルコール依存症者に行っています。

米国においては，ジョンズ・ホプキンス大学で，ワトソンの研究仲間であったダンラップ（Dunlap, 1932）が，不適応的習慣（癖）を打ち破る方法としての**負の練習**（negative practice）を発展させ，チックや爪かみの治療を行っています。マウラー夫妻（Mowrer & Mowrer, 1938）は，尿を漏らすとベルが鳴り，覚醒を促す装置をつくり，条件づけによる夜尿症治療器を開発しました。バーンハム（Burnham, 1917）は，子どもの精神衛生や学校教育の分野に条件づけの考え方を導入しています。

専門領域は異なりますが，1930年代にシカゴ大学の生理学者，ジェイコブソン（Jacobson, E.）は，**漸進的筋弛緩法**（progressive muscle relaxation）を発表しました。これは，不安症や身体症状症の治療に積極的に用いられ，また，ウォルピ（Wolpe, J.）の創始した**系統的脱感作法**（systematic desensitization）で**拮抗**または**逆制止**（reciprocal inhibition）として用いられています。

行動療法の発展は，その基礎となっている行動理論のそれと不可分であることは言うまでもありません。パブロフの条件反射学に大きな影響を受けた米国の行動心理学もしくは学習心理学は，行動を刺激－反応の立場から人間を捉えようとしました。行動主義を提唱したワトソンをはじめ，子どもを対象に条件づけを行ったバーンハム（Burnham, W. H.）やマティア（Mateer, F.）などによって，その礎石ができ上がったといえます。また，やはりパブロフに源泉を持つ実験神経症の研究も，アメリカでは，リデル（Liddell, H. S.）やガント（Gannt, W. H.）そしてマッサーマン（Massermann, J. H.）らが推し進めました。米国の行動理論は，はじめは行動を微視的に捉えていましたが，その後より巨視的に捉えていく動きが出てきました。それは，ガスリー（Guthrie, E. R.），ハル，トールマン（Tolman, E. C.）などの研究者たちでした。

行動療法の発展に学習理論の面から特に大きな影響を与えたのは，ソーンダイクとスキナーです。ソーンダイクは，ネコの問題箱を用いた実験による**試行錯誤学習**（trial and error learning）で知られていますが，そこで**効果の法則**（law of effect）を提唱し，スキナーのオペラント条件づけの先駆けとなりました。スキナーは，パブロフの古典的条件づけを**レスポンデント条件づけ**（respondent conditioning）と名づけ，スキナー自身の条件づけを**オペラント条件づけ**（operant conditioning）として，徹底した実験的研究を行い，それを人間社会の行動にも応用し，社会に大きな影響を与えました。数ある著書の中でも『科学と人間行動（Science and Human Behavior）』が代表作でしょう。

ウォルピやアイゼンク（Eysenck, H. J.）の行動療法は，主にレスポンデント条件づけ理論に基づいていましたが，米国で発展した行動療法は，スキナーのオペラント条件づけ理論に大きく影響を受けて発展してきました。スキナー自身は，もっぱらハトやネズミを使って，オペラント条件づけの実験的研究を行っていました。しかし，スキナーの弟子たちは，重い精神障害で精神病院に入院している患者に対して，オペラント条件づけ理論を適用し，適応行動を形成する研究を実践しました。その後，オペラント条件づけは次第に複雑な行動に適用されるようになりました。1950年代，スキナーの弟子であるリンズレイ（Lindsley, O.）らが，これらの一連の作業に対して公式に「行動療法」と名づけました。

1940年代の後半から，動物を用いた実験室内での研究成果を実際の人間行動に適用しようとする試みが次第に多く見られるようになりました。ショーベン（Shoben, E. J.）は，心理療法は学習過程であり，人間の神経症的症状は逆条件づけの原理で除去できると主張しました。また，ダラードとミラー（Dollard & Miller, 1950）は，『人格と心理療法（Personality and Psychotherapy）』において，ハルの行動理論を心理療法に適用し，行動療法の発展に大きな影響を与えました。一部の研究者から，これは精神分析学の概念を行動理論の概念に，ただ置き換えたに過ぎないと批判されましたが，人間の諸々の不適応行動を行動理論から接近した点で高く評価できます。

現代の行動療法の発展に決定的な役割を果たしたのは，ウォルピ，アイゼンク，そしてスキナーです。ウォルピは，1940 年代に南アフリカ連邦で精神科医として戦争神経症の治療に当たっていました。そこで，もっぱら精神分析療法を実践していたのですが，治療成績が上がらず，精神分析療法に失望し，行動療法的アプローチに進んでいきました。最初に，彼は動物（ネコ）を用いて実験神経症の形成と消失の研究に取り組み，その後，それに基づいて臨床の場で神経症の治療を行い，優れた治療成績を収めました。1958 年にその集大成として行動療法の古典とも目されている『逆制止による心理療法（Psychotherapy by Reciprocal Inhibition）』を世に出しました。行動療法の代表的治療技法の**系統的脱感作法**（systematic desensitization）は，ここから始まったのです。その後，彼は米国の大学に移り，臨床と教育に当たり，行動療法の発展に大きく貢献しました。また，現在も続いている行動療法の学術雑誌『Journal of Behavior Therapy and Experimental Psychiatry』を創刊しました。

彼が南アフリカ時代に指導した心理学出身の研究者にラザルス（Lazarus, A.）とラックマン（Rachman, S. J.）がいます。ラザルスも南アフリカ連邦のウィットウォッターランド大学で，ウォルピの指導で博士号を取得し，1966 年にアメリカ合衆国に移り，行動療法の臨床とその普及に努めました。行動療法は，はじめの頃は**条件づけ療法**（conditioning therapy）ともいわれていましたが，この種の心理療法を「行動療法」と最初に名づけたのは，このラザルスであると言われています。なお彼は行動療法を実験から導かれた理論の適用という立場を超えて，人間の持つ認知，感情，対人関係，イメージなども含めた**多面的行動療法**（multimodal behavior therapy）を提唱しました。一方，ラックマンは英国に渡り，ロンドン大学のアイゼンクの下で博士号を取得し，英国の行動療法の研究とその発展と普及にアイゼンクとともに貢献しました。

アイゼンクは，英国のロンドン大学モーズレイ病院で研究と臨床を推進しました。彼は精神分析療法を鋭く批判し，治療効果はないと主張したことでよく知られています。彼は，1960年にそれまでに発表された行動療法関係の個々の論文を『行動療法と神経症（Behavior Therapy and the Neuroses)』としてまとめ出版しました。さらに，1963年に，最初の行動療法の学術雑誌『Behaviour Research and Therapy』を創刊しました。この雑誌は現在も行動療法の中心的学術雑誌となっています。1950年代にアイゼンクのもとで臨床と研究を続けていたフランクス（Franks, C.）は，1957年に米国へ移り，プリンストンの神経精神医学研究所で研究に励んで，行動療法に関する研究とその普及に力を入れました。特筆すべきは，1966年に彼は当時の行動療法研究者たちの協力で，「行動療法推進学会（Association for Advancement of Behavior Therapies：AABT)」を設立しました。協力研究者たちとしては，ブラッディ（Brady, J. P.），カウテラ（Cautela, J.），クラスナー（Krasner, J.），ラザルス，ソールター（Salter, A.），ウォルピなどでした。この学会は，北米を中心として，行動療法関係では最も会員数の多い学会に成長していきました。2005年には，学会の名称を「行動・認知療法学会（Association for Behavioral and Cognitive Therapies: ABCT)」に変更して，発展し続けています。なお，今日用いられている**認知行動療法**（cognitive behavioral therapy）という呼び名は，フランクスが用いたと言われています（Lazarus, 2001）。

行動療法の発展におけるもう１つの大きな流れは，スキナーのオペラント条件づけの臨床的な応用です。これは1950年代ぐらいから，急速に北米やカナダで広がっていきました。エイロン（Ayllon, T.）は，1950年代に初めてカナダの精神病院で**トークンエコノミー法**（token economy）を集団で精神障害者の院内適応行動の形成に適用しました。同様に，北米においても，1960年代の初期に，エイロンはアズリン（Azrin, N.）の協力を得て，イリノイの州立病院で大規模なトークンエコノミー法を行いました。そして1968年には，彼らは『Token Economy』の著書を出しています（Ayllon & Azrin, 1968）。また，スキナーの弟子であったファスター（Ferster, 1973）は，**うつ病**（depression）は強化の喪失や強化の低比率が大きく関与して生ずるとしました。そして，レウィンソン（Lewinsohn, 1974）は，それを臨床の場で広く検討しました。これを源として，うつ病の**行動活性化療法**（behavior activation therapy）が発展していきました。一方，心身障害児に対してはビジュー（Bijou, 1961）らがオペラント条件づけを導入しました。米国においては，このオペラント条件づけ学習の臨床的応用に対しては，**行動変容**（behavior modification）という用語が用いられていましたが，今は行動療法が一般的な呼び名になりました。

なお，1960年代には，新たにバンデューラ（Bandura, A.）がモデリング学習理論を提唱し，幼児を対象にして実験を行いました（Bandura, 1965）。それは映像を用いて成人モデルがボボ（Bobo）という人形に対して攻撃行動をするのを幼児たちに見せ，前もって分けられた幼児３群にそれぞれA群にはその攻撃行動に報酬を与えるのを見せ（代理強化），B群には罰を与えるのを見せ（代理罰），C群には何も与えませんでした。

その後，幼児に自由遊びを行わせ，攻撃行動の出現頻度を調べたところ，報酬群（A群）に攻撃行動が高く，罰群（B群）は少なくなっていました。これらの結果から，幼児たちは直接体験しなくとも，成人モデルを観察するだけで，行動を学習するということが明らかにされました。これは認知的な学習であり，これが社会的学習理論へと発展していきました。

3. 第2世代の行動療法：認知療法，認知行動療法

行動療法は，動物実験で構築された学習理論の臨床的応用として発展してきたことはこれまでに見てきました。しかし，人間を対象とする場合は，行動療法的アプローチを中心にしながらも，いわゆる行動だけに限定せず，人間の持っている認知，感情，イメージそして言語などを含めた包括的な行動療法に広げていく動きも出てきました。ただ，ウォルピをはじめ，一部の行動療法家たちは，行動療法には，はじめからこれらを包含しているとして「行動療法」を踏襲しました。しかし，その中でも，特に認知を重視する傾向が強くなりました。歴史的にみると，すでに，古代ギリシャのストア学派の哲学者，エピクテタス（Epictetus）は，「人は物事それ自体をそのまま客観的に捉えるのではなく，物事についての主観的知覚に基づいて見ているのである」と人間の認知機能に言及しています。そして，「人を悩ませているのは，物事そのものでなく，物事についての，その人自身の判断である。人は他の人を責めるのではなくて，自分を責めなさい」とも言っています。このような捉え方，見方はその後の西洋で受け継がれています。

臨床における認知療法に関しては，**合理的心理療法**（rational psychotherapy）を提唱したエリス（Ellis, 1955），うつ病治療に**認知療法**（cognitive therapy）を用いたベック（Beck, 1976），**自己教示訓練**（self-instruction training）を発展させたマイケンバウム（Meichenbaum, 1977）がその

発展に大きな影響を及ぼしています。エリスは，臨床心理学専攻の**性科学者**（sexologist）で，夫婦関係や性問題の相談に携わっていました。はじめは，精神分析的アプローチで治療を行っていましたが，成果を上げることができませんでした。彼は精神分析的アプローチに失望し，独自の方法を生み出しました。その心理療法は，今で言うところの心理教育，現実的なエクスポージャー，さらには**恥と罪**（shame and guilt）を減らす方法を取り入れています。このエリスのアプローチは，最初の系統的な認知行動療法だと考えられています。彼は最初の合理的心理療法を，1962 年に**論理情動療法**（rational emotive therapy）と変え，さらに 1993 年には，**論理情動行動療法**（rational emotive behavior therapy）としました。学問的にはバンデューラの認知的媒介過程を入れ込んだ**社会的学習理論**（social learning theory）に基づく心理療法です。バンデューラは，人間の行動は外部の先行要因と結果要因に大きく影響を受けているが，それに加えて，人の内部の認知要因によっても大きく制御されることを指摘しました。特に，**人の期待**（expectancy）が中心的役割を担っているとして，人がこれから，ある行動を遂行できるという確信を効力期待といい，これを**自己効力感**（self-efficacy）と規定して，行動変容の中心的概念としました。バンデューラは，1969 年に『行動変容の原理（Principles of Behavior Modification)』を著しました。彼の提唱した諸概念は，モデリング学習理論とともに，臨床心理学の分野に大きな影響を与えました。なお，その後バンデューラは，最初に提唱した社会的学習理論を認知を重視する**社会的認知理論**（social cognitive theory）に変えています。

4. 第3世代の行動療法：文脈的行動科学に基づく心理療法

行動療法から認知行動療法を経て次に現れたのが**第3の波**（the third wave）の心理療法です。この心理療法の源は，プラグマティズム，決定論，現象学，全体論，そして文脈主義の諸々の哲学が混在して生まれたと言われています（Hayes, 2004）。その代表的な治療法として，**アクセプタンス＆コミットメントセラピー**（acceptance and commitment therapy：ACT），**弁証法的行動療法**（dialectical behavior therapy：DBT），**機能分析的心理療法**（functional analytic psychotherapy：FAP），**マインドフルネス認知療法**（mindfulness-based cognitive therapy：MBCT），マインドフルネスストレス低減法（mindfulness-based stress reduction：MBSR）などが挙げられます。第3世代の心理療法に共通する点は，不快な思考，感情，身体感覚を受容しながら，個人の生活の重要性に目を向けていくという視点です。また，不快な思考や症状をコントロールするのではなく，それらを受容するための方法として，治療の中ではマインドフルネスが積極的に用いられています。近年，これらの第3世代の心理療法はエビデンスに基づいた効果的なアプローチとして，急激に注目されるようになり，さまざまな心理的問題の治療に用いられています。

参考文献

Ayllon, T., & Azrin, N. H.（1968）. *The token economy: A motivational system for therapy and rehabilitation.* Appleton-Century-Crofts.

Bandura, A.（1965）. Influence of models' reinforcement contingencies on the acquisition of imitative responses. *Journal of Personality and Social Psychology, 1*（6）, 589–595.

Beck, A. T.（1976）. *Cognitive therapy and the emotional disorders.* International

Universities Press.

Bijou, S. W., & Baer, D. M. (1961). *Child development, Vol. 1. A systematic and empirical theory.* Appleton-Century-Crofts

Burnham, W. H. (1917). The significance of stimulation in the development of the nervous system. *The American Journal of Psychology, 28* (1), 38–56.

Dollard, J., & Miller, N. E. (1950). *Personality and psychotherapy: An analysis in terms of learning, thinking, and culture.* McGraw-Hill.

Dunlap, K. (1932). *Habits: Their making and unmaking.* Liveright.

Ellis, A. (1955). New approaches to psychotherapy techniques. *Journal of Clinical Psychology, 11*, 207–260.

Ferster, C. B. (1973). A functional analysis of depression. *American Psychologist, 28* (10), 857–870.

Hayes, S. C. (2004). Acceptance and Commitment Therapy and the new behavior therapies: Mindfulness, acceptance and relationship. In S. C. Hayes, V. M. Follette, & M. Linehan (Eds.), *Mindfulness and acceptance: Expanding the cognitive behavioral tradition* (pp. 1-29). Guilford.

Jones, M. C. (1924). The elimination of children's fears. *Journal of Experimental Psychology, 7* (5), 382–390.

Lewinsohn, P. M. (1974). A behavioral approach to depression. In R. J. Friedman & M. M. Katz (Eds.), *The psychology of depression: Contemporary theory and research.* John Wiley & Sons.

Meichenbaum, D. (1977). *Cognitive-behavior modification: An integrative approach.* New York: Plenum.

Mowrer, O. H., & Mowrer, W. M. (1938). Enuresis—A method for its study and treatment. *American Journal of Orthopsychiatry, 8* (3), 436–459.

Watson, J. B., & Rayner, R. (1920). Conditioned emotional reactions. *Journal of Experimental Psychology, 3* (1), 1–14.

第３章

行動療法の基礎理論

1. 学習とは何か

(1) 学習の定義

私たちは**学習**（learning）という言葉を，日常の慣れ親しんだものの1つとして使用しています。本書でも学習という言葉をこれまで随所で用いてきました。しかし，学習という言葉は実際にどのようなことを指しているのでしょうか。心理学における学習とは「有機体が練習の結果，または経験を通して生ずる行動の比較的永続的な変化である」と定義されています。「練習や経験を通して」という表現によって，成熟などによって出現する行動変化と区別され，「比較的永続的」という表現によって，疲労や欲求などによる一過性の行動変化と区別されます。学習理論における行動には，顕在的な行動だけでなく，思考，感情など内潜的な行動も含まれます。

(2) 学習の型

学習のメカニズムを実験的な手続で科学的に研究し，解明していこうとするのが行動理論（学習理論）ですが，この行動理論はパブロフによる古典的条件づけと，スキナーによるオペラント条件づけの２つの条件づけの原理が重要な基礎となっています。その後，特に人間にみる学習のメカニズムについて，バンデューラによって提唱されたモデリング学習の理論が，重要な学習の型の１つとして位置づけられるようになります。そこで，これらの古典的条件づけ，オペラント条件づけ，およびモデリング学習について順次説明し，学習原理が人間行動の変容や獲得に実際にどのように関与しているのかについて触れていきます。

2. 古典的条件づけ

(1) 条件づけの成立

古典的条件づけ（classical conditioning）というのは，ロシアの生理学者パブロフによって実験的に研究されたものです。パブロフは，イヌを用いて胃液分泌や唾液腺などの消化管に関する生理学的研究（この研究で彼はロシアにおいて初めてノーベル賞を受賞）をしている過程で，次のような出来事にたまたま遭遇しました。実験のため，イヌの口中に酸性溶液を注ぎ込むのに用いていた試験管をイヌにみせたところ，本来なら唾液分泌をもたらすはずのない試験管の提示のみで唾液分泌が見られました。同じような現象は，イヌに餌を与える担当者の足音によっても生じました。パブロフは，この不思議な現象を**精神的分泌**（psychic secretion）と呼びました。彼はこの現象に強い関心を抱き，その後この現象を追求することに生涯をかけました。やがてその成果は『条件反射学（Conditioned Reflexes)』として集大成されました。ところで,「古典的条件づけ」という名称ですが，これは，次に述べるパブロフの条件づけとは別のタイプである**オペラント条件づけ**（operant conditioning）が，その後，アメリカのスキナーによって発表されたため，パブロフの条件づけを古典的条件づけと呼ぶようになりました。別名**パブロフ型条件づけ**（Pavlovian conditioning）とも言われ，さらに**レスポンデント条件づけ**（respondent conditioning）という場合もあります。それでは古典的条件づけについて具体的にその実験から見ていきましょう。

(2) 基礎的実験

パブロフは，イヌの唾液分泌量を正確に計量するため，唾液腺の導管を手術で頬の外側に露出させ，これを計量用のガラス管につなぐ処置を行いました。このような処置を施したイヌを防音室の中の実験台に固定し，他の音刺激を遮断して，そこで一定の拍節のメトロノームの音刺激をイヌに与えながら，ほぼ同時に肉粉をイヌの口中に与える実験手続きを数回繰り返しました。するとメトロノームの音刺激の提示だけでも唾液分泌がみられるようになりました。

ここでの肉粉は，**無条件刺激**（unconditioned stimulus：US）であり，これに対して無条件にイヌは唾液分泌が誘発されるので，この反応を**無条件反応**（unconditioned response：UR）と呼びます。メトロノームの音刺激という**条件刺激**（conditioned stimulus：CS）と肉粉という無条件刺激を対提示することで，誘発された反応を**条件反応**（conditioned response：CR）といいます。このように，はじめは反応を引き起こさなかった**中性刺激**（neutral stimulus：NS）がUSとの対提示によって反応を引き起こすようになったCSになることを**古典的条件づけ**（classical conditioning）と言っています。この音（CS）と食餌（US）の対提示手続きを**強化**（reinforcement）と言います。古典的条件づけでは，一般にCSがCRを条件づけたとみていましたが，現在ではCSとUSが随伴することでCRが誘発されるという考え方に変わってきています。具体的に示すと，メトロノームという音刺激と肉粉という食餌刺激が対提示されると，音は食餌が与えられるという情報の役割を持ち，音から食餌を**予期**（expectance）し，予期の表れとして唾液が出るという考え方です。従来，学習は刺激と反応の間にできるという立場のＳ－Ｒ連合説をとっていたのですが，現在の古典的条件づけによる学習では，

連合（association）は刺激と刺激の間にできるという立場のS－S連合説をとるようになりました。つまり，イヌも予期するという認知的能力を持っているということです。

(3) 消去と自発的回復

条件づけが形成された後，無条件刺激（US）を伴わせないで条件刺激（CS）だけを繰り返しし続けると条件反応（CR）は次第に消失します。これを**消去**（extinction）と言います。しかし，こうしていったん消失された条件反応は，しばらく時間をおいて条件刺激を提示すると再び条件反応が現れます。これを**自発的回復**（spontaneous recovery）と言います。自発的回復が現れるということは，消去手続きとしての条件刺激の連続的提示によって条件づけが解消されたのではないことを示しています。パブロフは，条件づけによって興奮メカニズムの学習が行われるとし，この興奮メカニズムを抑制するような制止メカニズムを消去手続きが形成すると説明しています。また，興奮メカニズムに比べて制止メカニズムは，その形成が弱いので時間が経過すると制止メカニズムが弱まり，興奮メカニズムの効果だけが再び作用して，条件反応の自発的回復を生むことになると述べています。

(4) 般化と分化

条件づけで条件反応がいったん確立されると，条件づけに用いた条件刺激に対してのみでなく，この条件刺激と類似した別の刺激に対しても条件反応が誘発されます。この現象を**刺激般化**（stimulus generalization）もしくは単に**般化**と言っています。この刺激般化でみられる条件反応の強度は，条件刺激の類似度が低下するほど弱くなっていきます。これを**般化勾配**（generalization gradients）と言っています。先のワトソンの実験で，シロネズミに恐怖反応を条件づけられたアルバート坊やが，シロネズミと類似した白い毛皮やワタなどの恐怖の程度が低いものまで恐怖を示すようになったのは，この刺激般化によるものです。

このような刺激般化現象も，条件づけの際に2種の類似した刺激を用い，一方には無条件刺激を対提示して強化するが，他方においては無条件刺激を対提示しないといった手続きをとると，条件反応は前者にのみ生じ，後者では生じなくなります。これを**分化条件づけ**（differential conditioning），あるいは**弁別学習**（discrimination learning）と言っています。

(5) CSとUSの時間的関係

条件づけにおいてはCSとUSを対提示しますが，その際の時間的関係が条件づけに大きく影響します。古典的条件づけでは，いくつかのCSとUSの時間関係が示されています。CSの提示から数秒後にUSを提示することを**遅延条件づけ**（delayed conditioning）と言います。これは条件づけがもっとも効率よく成立する方法です。CSとUSをほぼ同時に提示することを**同時条件づけ**（simultaneous conditioning）と言います。この方法は遅延条件づけよりも条件づけがされにくいことがわかっています。CSの提示後数十秒後にUSを提示することを**痕跡条件づけ**（trace conditioning）と言います。この場合，CSとUSの時間間隔が空くほど条件づけの形成が弱くなります。これに対して，USが先に提示されて，その後にCSが提示されることを**逆行条件づけ**（backward conditioning）と言っています。この場合，CSがUSの到来を予測させることができないため，条件づけの形成が困難であるとされています。

条件づけの形成には，一般に数回の強化手続きが必要ですが，1回だけの強化手続きで条件づけが成立する場合もあります。これを**1試行条件づけ**（one trial conditioning）と言っています。例えば，たった1回のパニック発作でパニック症は持続します。また，ひどい犯罪被害を体験すると，その後遺症に悩まされることなどは，この条件づけに当てはまります。

(6) 高次条件づけ

古典的条件づけによって，CS に対して CR が誘発されるようになってから，今度はこの CS に US の役割を持たせ，別の新たな刺激とこの CS とを対提示して訓練すると，新たな刺激も CR を誘発するようになります。パブロフの条件づけの例で，条件づけで唾液分泌を誘発したメトロノーム音と新しく光刺激と対提示すると，この光刺激によって唾液分泌が誘発されるようになります。このような条件づけを**高次条件づけ**（higher order conditioning）と言っています。私たちの日常生活でみる恐怖反応などは，この種のメカニズムが働いている例が多いようです。

(7) 外制止と脱制止

条件づけが形成された後で，CS と新奇な刺激をほぼ同時に連続的に提示すると，CR は小さくなります。これを外制止と言っています。一方，CR を消失してから新奇刺激と CS を提示すると，消失していた CR が一時的に生じます。パブロフはこれを脱制止と名づけました。行動療法では不安の軽減などに外制止の原理を応用したりします。

(8) 拮抗条件づけ

条件づけられた CR を消失させていく方法として，CR と拮抗（競合）するような別の反応を新たに条件づけることを**拮抗条件づけ**（counter conditioning）と言います。例えば，不安・緊張反応に対しては筋弛緩や食事反応が拮抗条件づけとなります。

(9) 条件づけにおける生物的制約と準備性

CSとUSの対提示は，一様に条件づけを形成するわけではありません。人間を含めて，動物はそれぞれ生物的傾向があり，動物によって枠がはめられています。人間の場合は，恐怖や味覚嫌悪などは学習しやすいと言われています。各動物種はそれぞれの進化の歴史を経て学習が準備されているといわれています。

(10) 実験神経症

これまでに，古典的条件づけについての諸々の事柄を説明してきましたが，臨床的にこれらと関連のある**実験神経症**（experimental neurosis）について触れておきたいと思います。パブロフの実験神経症の研究は，たまたま出会った次のような出来事に端を発しています。それは，大洪水のため実験室が水浸しになった時，この洪水のためにイヌに形成されていた条件反応が消失してしまいました。そして，この洪水と同じような場面を再現したところ，イヌは呼吸を乱し，興奮し不安定な状態を呈しました。そうしたことから，イヌに激しい爆音や強烈な光刺激などを与えることで，ちょうど神経症のような不安定な状態をつくれることをパブロフは確かめました。

このような出来事の後で，パブロフは実験的に神経症をつくる研究を進めました。それは，イヌに円と楕円とを提示し，円刺激には食餌刺激で強化し，楕円には食餌が伴わないという分化条件づけの手続きを行いながら，楕円を段階的に円に近づけていきました。最初の楕円は，縦横比2対1で分化条件づけを行い，次は楕円の比率3対2，さらに4対3と円に近づけていきました。ところが，9対8の楕円になると，イヌは弁別不能になって不安定になり，唸り声を出し息遣いが荒くなり，実験室に入ることを拒否するようになりました。このように実験室で作られた神経症様の症状をパブロフは実験神経症と名づけました。

このパブロフの実験に刺激を受けたアメリカの精神医学者マッサーマンは，次のような実験を行いました。一定の実験箱の中で，ある信号に続いて餌を食べるように訓練したネコを，今度は信号によって，ネコが摂食行動を行おうとする時に，これを妨害するような電気ショック，あるいは強い空気をネコに吹きつけるといった手続きを数回繰り返し，ネコを葛藤状態におきました。すると，ネコはうずくまり行動や呼吸を乱し，唸り声をあげるようになりました。これらの症状は，ネコの実験神経症であると考えられました。ただこの実験では，実験神経症の成立メカニズムの説明として，相対立する動機の葛藤が重視されました。すなわち，神経症は**接近－回避葛藤**（approach-avoidance conflict）によって生ずるとしたのです。当時は，精神分析学的見方が優勢だったので，このような考え方が歓迎されたものと思われます。

一方，1946～7年にかけて，行動療法の先駆者であるウォルピは，ネコを用いて同じような実験神経症をつくり，特にそれを解消する方法を研究しました。彼はマッサーマンと同じような方法で実験を実施しました。実験1では，6匹のネコを実験箱に入れ，警笛音を鳴らすと同時に床のグリッドに電流を流すという電撃を数セッションにわたって与えました。実験2においては，同じように6匹のネコを使い，まずブザーと同時に食餌を与える訓練をしました。その後，ネコが食餌に近づくと，同時に電撃を数セッションにわたって与えました。いずれも，ネコは神経症様の異常行動を示すようになり，餌も食べなくなりました。

彼の研究の主眼は，実験神経症を形成した後で，その解消を実験的に確かめることにありました。種々の方法を取り入れて実験神経症の解消を試みました。例えば，本実験箱と類似性の遠い箱の中で段階的に食餌を取らせたり，微弱な警笛音の中で食餌を取らせたりしました。ネコによって解消の進度には差異がありましたが，ほとんど解消していきました。彼は，実験神経症は古典的条件づけの原理で作られると主張し，その解消は**拮抗条件づけ**（counter-conditioning）の原理が働いていると説明し，マッサーマンの葛藤説を批判しました。このような実験を根拠にして，ウォルピは逆制止に基づく心理療法としての系統的脱感作法を開発しました。

（11）古典的条件づけの新展開

これまでに，パブロフの条件づけに関して，実験的研究を根拠にして基本的事実を説明してきましたが，その後の研究者たちによって，新たに展開されてきた実験的事実やその理論について紹介していくことにします。ここでは，古典的条件づけの展開に最も強い影響を与えたレスコーラ（Rescorla, R. A.）の考え方を説明し，続いてレスコーラ・ワグナー理論を紹介します。ここでの説明は，もっぱら今田寛著『学習の心理学』（1996）を拠りどころにしました。もっと深く理解したい臨床家は，是非『学習の心理学』を学んで下さい。

（12）古典的条件づけにおける随伴性の重視

従来，CSとUSにおける時間的接近が条件づけには必要条件であると言われてきましたが，近年，単に**接近の法則**（law of contiguity）によるのではなく，CSとUSの**随伴性**（contingency）が重視されるようになりました。随伴性とは相関関係のことです。ランダム条件ではCSとUSは無相関であり，CSに対してUSが必ず随伴すれば，正の相関になります。CSに対してUSが決して随伴しなければ，負の相関関係を示すことになります。このように見ていくと，CSとUSが時間的接近を満たしていても，CS以外のところでUSが与えられることでCSとUSの相関関係がないようにされると，CSはUSの到来についてどんな情報も提供しないことになります。ところがCSとUSが正の相関関係にある場合は，CSはUSの到来に関する情報（予測）を提供し，また負の相関関係にある場合は，CS は US が来ないという情報（予測）を提供することになります。

(13) 古典的条件づけにおける「S − S 連合」の考え方

一般に，CS と US を何度も対提示することで CS に対して CR が形成されるという「S − R 連合」が定説になっていましたが，近年，その考え方が疑問視され，「S − S 連合」の考え方が主張されるようになりました。すなわち，中性刺激（CS）が無条件反応（UR）を起こす無条件刺激（US）と連合することで，条件反応（CR）が誘発されるという見方に変わってきました。

(14) 条件興奮と条件制止

条件づけが形成された後に，CS に US を伴わせないと消去が起こると単純に説明してきましたが，現実には思うように消去されない場合が見られます。また，自発的回復も起こります。最近の実験的研究においては，「CS → US 到来」の関係にある場合は，条件興奮を獲得し，これを**興奮の条件づけ**（excitatory conditioning）と言い，「CS → US 非到来」の関係にある場合は，条件制止を獲得します。これを**制止の条件づけ**（inhibitory conditioning）と説明しています。ここで，従来の消去の考え方を条件制止という考えに置き換えると，恐怖症がなかなか消失しないことも説明可能となります。

(15) 条件づけの適応的意味

古典的条件づけは，環境への適応的方略として機能してきました。ある種の食べ物で腹痛を体験すると，その後それを避けるようになり，またある種の恐怖体験は，恐怖を誘発する対象を避けるようになります。しかし，それが度を過ぎると，不適応的になることも古典的条件づけの原理から理解できます。このような場合は，行動療法で適応的に変容していくことになります。レスコーラとワグナーは，期待される成果と現実の成果のギャップがある時，それを埋める適応的機能が学習であると述べています。

(16) レスコーラ・ワグナー理論

興奮の条件づけと制止の条件づけについてレスコーラ・ワグナー理論では，次のような式で表しています。

$$\Delta V = \alpha(\lambda - V)$$

ΔV：ある試行でCSが獲得する連合強度の増加分
α：CSの明瞭度によって決定されるパラメータで0～1の値をとる
λ：US強度によって決定される連合強度の最大値
V：当該施行までに獲得されているCSの連合強度

（今田，1996，p.111）

古典的条件づけをCSとUSの間の連合形成過程と考え，CSがUSの間に獲得する連合の強さをCSの連合強度と言い，これが強いほどより条件反応は強く現れると考えます。そして，一定の強さのUSによって支えられてCSが獲得しうる連合強度には，それぞれのUS強度に応じた上限があって，上限への到達の仕方に上記の式を用いることができます。上記の式からみると，はじめの連合強度の増加分（ΔV）は大きく，次第に減少していくことになります。それに対して，CSの連合強度は強くなっていき，条件づけは強固になっていきます。

次に消去過程としての制止の条件づけでは，CSは与えるがUSは与えない，すでに条件づけされているので，CSからUSを十分に予期できるようになっています。それでUSが与えられないと，有機体は大いに「驚く」ことになります。この予期と現実の間のギャップを調整するために予期を減少させることになります。消去試行のλはゼロなので連合強度は次第に弱化していきます。

レスコーラ・ワグナー理論の重要な第2の点は，2種類のCS（例えば音と光）からなる複合条件づけの場合，それぞれのCSは連合強度を分け合うということになります。強度が釣り合った2種類のCSでの条件づけでは，それぞれのCSが獲得する連合強度の半分ずつということになります。

3. オペラント条件づけ

(1) ソーンダイクの実験

オペラント条件づけの基礎となったのは，ソーンダイク（Thorndike, 1911）が「動物の知能」研究のために行ったネコを用いての実験でした。彼は床面が約50cm × 40cm，高さ約30cmの**問題箱**（problem box）を用いて，次のような実験を行いました。

この箱に空腹の猫を入れ，その箱の外には餌が置かれました。その箱の中のロープの先の輪を引っ張ると扉が開くようになっています。箱に入れられたネコは，はじめはあちこちひっかいていましたが，そのうち偶然にロープが引っ張られ，扉があき，餌を食べることができました。ネコはすぐに箱に戻され，**試行**（trial）が繰り返されました。このような試行を繰り返すと，ネコの箱からの脱出所要時間と不用な行動は，次第に減少していきました。ネコは，あれこれと無駄な試行を繰り返しながら，正しい反応を学習していきました。これは**試行錯誤学習**（trial and error learning）といわれています。動物の行動が経験によって，どのように変容していくかを検討した初めての実験的研究でした。ソーンダイクは，ロープの付いている箱装置を刺激として，ロープを引っ張り，扉が開く一連の行動を反応としました。学習というのは，この経験によって刺激と反応の連合が強まることだとしました。そして，動物にとって**満足**（satisfaction）をもたらす反応は，刺激と結びついて生起しやすくなるという現象に対して**効果の法則**（law of effect）と呼ぶことを提唱しました。また，直後に動物を不快にさせるものによって伴われる反応は，その事態との結合は弱められるとも述べました。「結果によって行動が変わる」という効果の法則は，スキナーのオペラント条件づけの原理に繋がっていきました。ただ，スキナーは「満足」という用語を拒否してオペラント（operant）という造語を提唱しました。オペラントは「自発する」とか「働きかける」という意味にとっていいでしょう。

(2) スキナーの実験

スキナーは，この種の動物の学習過程がパヴロフの条件づけの原理とは異なるものであるとして，ソーンダイクの用いた「問題箱」をより単純化した**スキナー箱**（Skinner box）として知られている実験装置を用いて，ネズミやハトを使って，その学習行動について多くの実験を行いました。スキナー箱には，約30cm四方の箱の内部にレバーが装置され，餌皿がとりつけられました。レバーを押すとマガジンが作動して，餌皿に餌が放出されるようになっていました。この箱に空腹のネズミを入れ，ネズミが偶然にレバーを押し，餌が得られる経験を繰り返すと，それまでに特に一定の行動傾向として見られなかったレバー押し行動がネズミに形成され，ネズミは即座にレバーを押すようになり，レバー押し行動の生起頻度が急増していくことを実験的に観察しました。

スキナーは，この実験手続きに種々の実験操作条件を加えながら，ネズミとハトを実験対象に膨大なデータを集積し，それを分析し検討しました。そして，独自の学習理論を打ち立てました。ここでの基本原理は「有機体（ネズミ）がある環境事態（レバー周辺）に自発的に働きかけた行動（レバー押し）に結果（餌）が随伴すると，その行動の生起頻度は増大する」というものです。スキナーは，この学習原理を**オペラント条件づけ**（operant conditioning）と名づけました。この実験に見るように，レバー押し行動は餌を得る手段または道具となっていることから，**道具的条件づけ**（instrumental conditioning）ともいわれています。

(3) 随伴性

有機体の行動は，それに伴う結果によって高まってもいくし，減少もしていきます。行動に続く結果の関係性を**随伴性**（contingency）で表しています。オペラント条件づけでは，この随伴性をとても重視しています。

(4) 強化と強化子

特定の行動を高めていく過程を**強化**（reinforcement）手続きといい，その時の随伴刺激を**強化子**（reinforcer）といいます。オペラント条件づけでは，**正の強化子**（positive reinforcer）と**負の強化子**（negative reinforcer）を積極的に用います。正の強化子の代表的例は食物であり，負の強化子の代表例は電気ショックということになります。

(5) 罰

強化と言うのは，あくまでも行動の出現頻度を高める操作・手続きです。その反対語は**罰**（punishment）です。「弱化」ともいっています。罰は行動の出現頻度を低下させる操作・手続きです。

(6) 正の強化子と負の強化子

ここで注意しておかねばならないことは，正の強化子は，行動に続く刺激（ここでは餌）を「与える」ことで行動の出現頻度は高まっていくということです。これは当然のことですが，負の強化子は，行動に続く刺激（ここでは電気ショック）を「除去する」ことでもその行動は増大していくことに留意しておくことです。オペラント学習において，よく誤解されて用いられていますが，正しくは，**正**（positive）は「与える」「提供する」という操作であり，**負**（negative）は「取り除く」「除去する」操作を意味します。

(7) 正の強化と負の強化そして正の罰と負の罰

正の強化（positive reinforcement）は，行動が起これば強化子を**提供**（presentation）することでその行動は高まる手続きのことであり，**負の強化**（negative reinforcement）は，行動が起これば嫌悪刺激を**除去**（removal）することでその行動は高まる手続きのことです。よく負の強化を罰の意味に捉えますがそれは間違いです。先にも述べたように，罰はあくまでも行動を抑制する手続きです。したがって，**正の罰**（positive punishment）は，オペラント行動（レバー押し行動）が起これば，嫌悪刺激（電気ショック）を与えることによって，その行動の自発頻度が「低下する」操作のことをいいます。これは一般の罰手続きです。**負の罰**（negative punishment）は，オペラント行動が起これば，強化子（餌）を「除去する」ことによって，その行動の自発頻度が「低下する」操作のことをいいます。

(8) 正の強化子の役割

スキナーの実験では，餌はネズミのレバー押し行動の正の強化子であることは，すでに述べました。そして，食餌などのような有機体の生理的欲求を直接満たすものは，有機体のオペラント行動にとって生得的に正の強化子としての機能を持っています。このようなものを**無条件**

性強化子（unconditioned reinforcer），または**一次性強化子**（primary reinforcer）といいます。

ところで，人間のオペラント行動に対して，正の強化子となるものは，無条件強化子のみならず，貨幣，社会的賞賛，注目，承認そして愛情などといったものが重要な正の強化子となります。これらを**条件性強化子**（conditioned reinforcer）または**二次的強化子**（secondary reinforcer）といいます。別の分類として，**物的強化子**（tangible reinforcer）と**社会的強化子**（social reinforcer）があります。前者は，食べ物，玩具，学用品そして貨幣，さらには**トークン**（token）で交換できる高価品などです。ただ，その子ども自身にとって**強化価**（reinforcement value）の高いものがよく選択されます。後者は，先に挙げた社会的賞賛，注目そして承認などですが，これらは言語を用いながら行う場合とジェスチャーのみの場合があります。最も効果の上がる方法を選択すべきでしょう。

オペラント条件づけにおいて，正の強化子をオペラント行動に随伴させ，オペラント行動の生起頻度を高める操作を**オペラント強化**（operant reinforcement）といい，このオペラント強化によるオペラント条件づけが行われる以前のオペラント行動の状態を**オペラント水準**（operant level）といいます。これを**ベースライン**（baseline）ともいいます。

(9) 負の強化子の役割

負の強化子については，すでに述べましたが，それを実験の面からみていきましょう。マウラー（Mowrer, O. H.）は，床が電気格子になっており，それに電気が流れ，電気ショックが与えられるような実験箱を作り，その箱に取り付けられた金属板を押すと，その電気ショックが切れるようになっている装置を作りました。この実験箱にネズミを入れ，電気ショックを与えることにしました。ネズミは電気ショックに対して最初は無目的行動をとりますが，そのうち偶然ネズミが金属板を押し，電気ショックから解放されるといった経験を繰り返すうちに，やがてネズミは電気ショックの有害刺激を与えられると，ただちに金属板を押す行動をとるようになりました。すなわち，この金属板を押す行動に対して，電気ショックという有害刺激が除去されるたびに，その押す行動が形成され，生起頻度が高くなっていきました。これらの操作を負の強化といっています。この種の行動形成過程を**逃避学習**（escape learning）といっています。

この種の困った例をあげると，身体に痛みがある時，鎮痛剤を服用すると，その痛みが除去されますが，こうした痛みのたびに鎮痛剤を使用し続けていると，薬物依存になっていくのはこの学習の一例です。

同じように，マウラーは2つに区切られたシャトル型の実験箱をつくりました。実験箱は左右同じ作りの2部屋の間に仕切りがあるものの，ネズミは行ったり来たりできるようになっています。床は2部屋別々に電気ショックを与えることができるような格子床の装置です。この箱にラットを入れ，光（CS）を提示し，数秒後に一方の床から電気ショック（US）を与えます。するとネズミは電気ショックから逃れるために動きまわり，電気ショックのない隣の部屋に移動して，電気ショックからの逃避に成功します。このような試行を繰り返すと，ネズミは，電気ショックからすばやく逃避するようになり，さらに試行を繰り返すと，CSが提示されただけで，電気ショックが来る前に隣室に移動します。初期は電気ショックからの逃避だったのですが，後からは電気ショックから回避するようになります。この種の行動形成過程を**回避学習**（avoidance learning）といっています。

回避学習は，負の強化が強く働き，その結果としての**回避行動**（avoidance behavior）は，強固になり消去がなかなか困難になります。近年の行動病理学の観点からは，**精神障害**（psychological disorders）のほとんどは，回避行動によって維持されているといわれています。人間の私的な経験（例えば，身体感覚，感情，思考，記憶など）においても，それから逃げよう，忘れよう，抑えよう，取り払おうとする**体験の回避**（experiential avoidance）が問題であると指摘されています（Hayes, et al. 1999）。

（10）消去

オペラント条件づけにおいても，古典的条件づけと同じように，消去や自発的回復が生じます。ネズミがレバー押し行動を学習した後にその行動に正の強化子が与えられないと，その行動は次第に減少していき，最後は行動が起こらなくなります。これが**オペラント消去**（operant extinction）です。その数日後に，その状況にネズミをおくと，再び行動がみられます。これを**自発的回復**（spontaneous recovery）と言っています。

オペラント強化を断ってから，オペラント行動がオペラント水準に減少するまでに生じた自発的なオペラント行動の生起度数，あるいはオペラント水準に達するまでに要した期間の長さを**消去抵抗**（resistance to extinction）と言っています。なかなか消去に至らない場合を消去抵抗が高いと表現しています。

消去過程で留意しておかねばならないことは**消去バースト**（extinction burst）です。ネズミに正の強化子が与えられていた手続きが，ある時点から与えられなくなると，ネズミはレバーをガタガタとさせて不適切な行動をとります。これが消去バーストの現象です。定期的に報酬が与えられていた子どもが急に与えられなくなると，かんしゃくを起こすのはこの現象です。

（11）強化のスケジュール

オペラント条件づけにおける強化の仕方には，**連続強化法**（continuous

reinforcement）と**間欠（部分）強化法**（intermittent or partial reinforcement）とがあります。前者は，オペラント条件づけの際に，オペラント行動の出現のたびに強化子が連続して与えられるものであり，後者は，オペラント行動の出現に対して，時々強化子が与えられる手続きのことです。この間欠強化法（部分強化法）には，次の4つの方法があります。

a. 定時隔強化法（fixed-interval reinforcement）

これは強化されるオペラント行動が出現度数と関係なく，一定の時間間隔で強化されることになります。すなわち，先に強化されたオペラント行動から，一定時間を経過した後の最初に出現したオペラント行動が強化されていくものです。具体的には，2分間隔で強化されるようなものです。例えば，教室での自習時間に先生が一定の時間間隔で入室を繰り返して強化します。子どもたちは，先生が来る時間を見計らって，その時だけ勉強する様子が見られるようなものです。日常の例では，サラリーマンの月給制がこれに当たります。その間，一生懸命働いても働かなくても1カ月ごとに皆月給が振り込まれるようなものです。

b. 変時隔強化法（variable-interval reinforcement）

先に示したように，一定時間間隔に従って強化されるのとは異なり，不定期的に強化される手続きです。例えば，10分後に強化される時もあれば，5分後，時には15分後に強化されるようなものです。例えば，教室での自習時間に，先生が不定期に入室して子どもを強化するのはこの例です。先生は不定期的に教室に現れた方が良いのです。

c. 定率強化法（fixed-ratio reinforcement）

これは，オペラント行動を一定回数行った時に強化子が与えられるものです。ネズミがレバーを3回押した時，その3回目のレバー押し行動で強化子が与えられることになります。例えば，子どもがノート１ページにきれいに漢字を書き終えるたびに先生が花丸を与えるようなものです。

d. 変率強化法（variable-ratio reinforcement）

先に示したように，一定の出現度数に対して規則的に強化されるのとは異なり，これは不規則に強化されるものです。ネズミのレバー押し行動で，３回目に強化されることもあれば，５回目で強化されることもあり一定していません。ギャンブルやパチンコの場合がその例です。

ある行動を形成する場合は，はじめは連続強化で強化し，その後に間欠強化を用いるようにします。連続強化と間欠強化の条件づけの学習後の消去過程においては，間欠強化の方が消去抵抗が高いので行動が継続します。

(12) 罰の役割

動物実験において，ネズミがレバーを押せば電気ショックが与えられる。このような操作を繰り返すと，ネズミはレバーを押さなくなります。これが罰操作であり，特定の行動を低下させる手続きです。この電気ショックのことを**嫌悪刺激**（aversive stimulus）と言い，または**弱化子**（punisher）とか嫌子ともいわれています。

罰は，日常生活でもよく用いられています。子どもが悪いことをすると，保護者は叱責します。車で交通違反をすると，罰金を科せられます。これらが罰です。これらの罰はその後の行動を低下させる役割をもっています。

行動療法においては，**嫌悪療法**（aversion therapy），**過剰修正法**（overcorrection）そして**レスポンス・コスト**（response cost）などで罰を用いていますし，また特定の行動を抑制するために，嫌悪刺激を用いる場合もあります。ただ，罰の使用は副作用のことを充分に考慮しなければなりません。罰には次のような副作用があります。

①罰は往々にして感情が絡み，否定的感情反応をもたらす。
②罰を与える人と与えられる人との人間関係を悪くする。
③罰を与えられた人は逃避的になり行動レパートリーが狭まり新しい学習の機会を失う。

このような副作用のため罰は歓迎されません。また最近の研究では，幼少期から児童期にかけて罰が与えられると，すなわち虐待を受けると，青年期から成人期にかけて神経症的症状や統合失調症様の症状に悩まされ，種々の社会的不適応行動が引き起こされるということが指摘されています。ただ，行動療法においては，適応的行動に強化を与えながら，不適応的行動に軽い罰を補助的に用いる方法をとる場合もあります。不適応行動に強化が随伴しているような場合は，その強化を撤去する手続きをとります。これは消去手続きであり，時間を要しますが副作用を軽減できます。

(13) 弁別刺激

スキナー箱での実験で，ランプが点灯している時に，ネズミがレバーを押せば強化子としての餌が出てくるが，点灯していない時に押した場合は餌は出てこない，という実験手続きを繰り返すと，ランプ点灯の時だけにネズミのレバー押し行動がみられるようになります。この場合のランプ点灯を**弁別刺激**（discriminative stimulus）と言います。私たちの日常生活の例で言えば，横断歩道では，赤信号は横断行動の停止を緑信号は進行を教えています。信号の色が弁別刺激となっています。弁別刺激を**手がかり刺激**（cue stimulus）とも言っています。オペラント行動は，結果に大きく影響されてはいますが，ある刺激場面で強化を受けたオペラント行動は，次からは再び強化を受けることができる刺激が手がかり刺激となりオペラント行動が生じやすくなります。例えば，子どもが両親にあるものが欲しいとねだる行動をとった時，父親がそれに応じて買い与えたとすると，その後子どもがものをねだるという行動は父親が弁別刺激となり，父親のいる場合により頻繁に生じます。このような事実から，オペラント行動は**刺激制御**（stimulus control）下にあるといいます。行動療法では刺激制御法として発展しました。

（14）三項随伴性

スキナーは，どのような**先行刺激**（antecedents）のもとでどのように**行動**（behavior）をすれば，どのような**結果**（consequences）がもたらされるのかという随伴性を重視しました。この3つの項目の関係を**三項随伴性**（three-term contingency）と言います。先行刺激は，弁別刺激でもあり，人，物，場所，事象などのその人を取り巻く環境です。行動は，人が行う行動や言語行動などを指します。結果は，行動に随伴する強化子であり，弱化子である場合もあります。行動に対して何も随伴しないこともあります（消去操作と言う）。行動療法においては，先行刺激（A）－行動（B）－結果（C）を用いて機能分析を行います。これはABC分析ともいわれます。

（15）確立操作

スキナー箱で，オペラント条件づけが形成された後で，空腹のネズミと満腹のネズミをそれぞれ別々に入れると，レバー押し行動の活動性は空腹のネズミの方が高くなります。また，新しい行動を形成する場合でも，ある程度の空腹状態のネズミの方がよく学習することが実験結果からも知られています。

このように，オペラント行動を学習する場合は，その行動をかりたてる力である動機づけのことも考慮しておかねばなりません。その動機づけを高める方法として，環境を操作する必要があります。例えば，ある強化子を一定期間**遮断**（deprivation）するとか，その強化子を必要とするような状況を設定するなどして，その強化価を高めるような操作をします。このような手続きを**確立操作**（establishing operation）または**動機づけ操作**（motivational operation）と呼んでいます。これらの手続きは，オペラント行動の出現を高めるため，もしくは低めるために，先行刺激を操作することになります。一般に，強化子となっている先行刺激の遮断は，オペラント行動の出現を高め，逆に**飽和**（satiation）は，それを低下させます。

（16）プレマックの原理

スキナーのオペラント条件づけは，スキナー箱の中でレバー押し行動に随伴して，餌という強化子が与えられることが必須でした。人間のオペラント学習でも，物的強化子や社会的強化子が用いられます。ところが，プレマック（Premack, 1965）は，直接的強化子を用いないでも，望ましい行動を形成する方法を見出しました。それは，有機体が自由に行動できる場面で生起確率の異なる２つの行動が存在する場合，「生起率の高い行動は生起率の低い行動を強化する」というものでした。これを**プレマックの原理**（Premack principle）と言います。日常生活場面で，多くの子どもにとって生起率の高い行動は遊ぶ行動であり，生起率の低い行動は勉強行動です。そこで，望ましい行動としての勉強行動を一定時間行った後で，遊ぶ時間を設けるなどはこの原理の応用です。

（17）ルール支配行動

行動に影響を与える言語をルールと言っています。そのルールは言語刺激です。そのルールによって制御され，支配されている行動が**ルー**

ル支配行動（rule-governed behavior）ということになります。例えば，母親が子どもに「窓を閉めなさい」と言うと，子どもが窓を閉める行動とか，ドライバーがスピード制限の標識を見て，スピードを落とすといった行動などがこれにあたります。一般に，お願い，命令，教示，指示などで，コントロールされる行動がルール支配行動です。オペラント条件づけでは三項随伴性で示すように，随伴性で形成された行動，これを**随伴性形成行動**（contingency-shaped behavior）と言っていますが，ここでは随伴性に関係なく，言語によって制御されている行動を指します。これもオペラント行動に含まれます。ルール支配行動には，他者から制御される「他者ルール支配行動」と，自分で自分自身を制御する「自己ルール支配行動」があります。後者の例として，子ども自身が自分に「宿題を済ませてから遊びに行こう」と言い聞かせて，それを実行してから「遊びに出かける」というような場合が挙げられます。

4. モデリング学習

（1）モデリング学習とは

古典的条件づけとオペラント条件づけによる学習は，有機体の**直接体験**（direct experience）を通じて習得されますが，人間の場合は他人の行動を観察し**代理学習**（vicarious learning）をすることができます。すなわち，人（観察者）は他人（モデル）の行動を直接観察することで学習するのはもちろんのこと，TV，ビデオ，映画，写真などで間接的に見ることでも学習します。これを**観察学習**（observational learning）または**モデリング学習**（modeling learning），さらには**模倣学習**（imitation learning）ともいっています。

(2) 観察学習効果（observational learning effect）

人は他者の行動を観察することで，それまで行動レパートリーになかった新しい行動パターンを習得することができます。この種の行動は，オペラント学習における**シェイピング法**（shaping）でも習得できますが，観察学習では複雑な行動をはるかに効率的に，しかも確実に習得できます。例えば，子どもが蝶結びを習得する場合，最初に母親の蝶結びを注意深く観察させてから，実際に蝶結びを結ばせます。そうすることで，短期間で蝶結びができるようになります。一般に，幼児の言語学習過程も，モデリングによる観察学習効果に依存しているものと思われます。

(3) 制止と脱制止の効果（inhibitory and disinhibitory effect）

人はすでにレパートリーとして持っている行動を観察学習によって制止し，または制止を解くことができます。それらの行動は，モデルが示す行動に報酬や罰が伴う結果を観察することで大きく左右されます。制止効果としては，モデルの行動がマイナスの結果を生み出すのを観察者が観察することで，その後の観察者の行動は，類似の状況下では抑制されます。脱制止効果としては，観察者が恐れているような行動をモデルが少しも怖がらないで遂行するのを観察者が観察することで，その後，観察者はその抑制された行動を解放することができます。

(4) 反応促進効果（response facilitation effect）

モデルの行動は，観察者がすでに持っている行動を促進する際の弁別刺激として機能します。社会的に受け入れられている行動は，そのような行動を遂行しているモデルを観察することで，その後の出現頻度を高め，促進します。例えば，レストランに連れて行かれた子どもは，母親がナプキンを膝の上におくのを観察することで，その後，子どもはレストランでそのような行動を実行するようになるでしょう。

(5) 観察学習の効果

上記の3つの効果は，はっきりと区別できるものではなく，これらは相互に関連し合って,より大きな効果をもたらすということになります。さらに，観察学習は，他の技法と併用することでも行動変容を促進します。例えば，引っ込み思案の子どもの社会的活動を高める場合に，観察学習を中心に，オペラント強化法や社会的スキル訓練（SST）も使っていきます。観察学習が観察者におよぼす影響の程度は，①その行動と連合する強化の随伴性，②モデルの特質（例えば，熟練者か，魅力的か，成人か若者か，地位，経済力など)，③観察者の特質（例えば，年齢，性，性格，要求の程度）などに依存します。

(6) 観察学習の学習過程

観察学習を通して人の行動が変容される過程は，次の4つの下位過程を含むとされています（Bandura, 1977)。

a. 注意過程（attention processes）

観察者は，すべての刺激場面に注意を払うことはできません。観察者が学習する場合は，その特定の事象に注目し，弁別することが最初の必要条件となります。

b. 保持過程（retention processes）

注目した事象は記憶されなければなりません。それは，一般に言語とイメージの**表象的体系**（representational system）として保持されることになります。確実に学習し，しかも長期に保持し，さらに再生できるようにするためには，言語的に**記号化**（coding）し，また頭の中で再演する**メンタルリハーサル**（mental rehearsal）をすることが必要とされています。

c. **運動再生過程**（motor reproduction processes）

示範された行動パターンは，イメージや言語として頭の中に象徴的に表象されていますが，それを確実にするには，現実場面で遂行する過程が必要です。

d. **強化と動機づけ過程**（reinforcement and motivational processes）

観察者は，モデルの行動を観察し，それを保持し，さらに実行に移す能力をもっているにしても，それを実際に遂行するとは限りません。その行動が強化されることで遂行されます。バンデューラは，観察者によるモデルの**習得**（acquisition）と**遂行**（performance）を区別しており，「人は他人を観察することだけでも特定の行動を習得できるが，そこに強化が随伴されてはじめて行動の遂行がなされる」と述べています。観察学習における学習過程では，このような強化は遂行を促すばかりでなく，モデルの行動への注目や保持をも促進させる手段ともなっています。観察学習における強化の機能は，強化に随伴する行動の頻度を高めるばかりでなく，それは，情報を与えるものであり，動機づけとしても作用します。すなわち，人は自分自身の経験や他人の行動の見聞を通して，将来に対する予測性をもって行動します。例えば，雨が降ることを予想して，傘を持って外出するとか，かつて人が溺れ死んだ危険な場所では水泳をしないといったように，認知的能力をもつ人間は，将来自分が正の強化を受けるような，または罰を避けるような形で行動するということになります。

この観察学習を見ていくと，注意過程はレスポンデント学習が関与していますし，運動再生過程と強化と動機づけ過程は，オペラント学習が関与しています。保持過程は，認知が関与しています。バンデューラは，人間の行動変容を決定する要因として，**代理的レスポンデント学習**

(vicarious respondent learning), 弁別刺激そして手がかり刺激などの**先行決定要因**（antecedent determinants）と外的強化，代理強化そして自己強化の**結果決定要因**（consequent determinants），さらには思考，イメージ，記憶そして期待などの**認知的制御**（cognitive control）を挙げて，これらを包括して**社会的学習理論**（social learning theory）を提唱しました。特に，バンデューラは，認知的要因である**期待**(expectancy)が大きな役割を果たすことを指摘しました。人がこれからある行動を遂行できるという確信を**効力期待（予期）**（efficacy expectancy）といい，これをその人の**自己効力感**（self-efficacy）と規定して，行動変容の中心的概念としました。日常，私たちがよく使う自信と同じように捉えてもよいでしょう。すなわち，自己効力感を高めることが行動変容を確実にするということになります。

(7) 自己効力感を高める情報源

バンデューラは，自己効力感を高める**情報源**（sources of information）として，つぎの4つを挙げています。それは，①**遂行達成**（performance accomplishments），②**代理的経験**（vicarious experience），③**言語的説得**（verbal persuasion），④**情動的喚起**（emotional arousal）です。その中で，参加モデリングや現実エクスポージャーというような遂行達成が，行動変容を確実に成功させるとバンデューラは述べています。さらに，社会的学習理論の中で，人間の行動は，環境要因と認知要因によって影響を受け，その行動が変わることで，環境要因も認知要因も相互に影響し合っているという**相互決定主義**（reciprocal determinism）を主張しています。

5. 言語と認知の学習理論

(1) 関係フレーム理論

近年，人間の言語や認知を行動理論（学習理論）で説明する動きが出てきました。それが，**関係フレーム理論**（relational frame theory：RFT）です。機能的文脈主義に基づいた人間の言語と認知に関わる理論であり，行動科学という観点からは，応用行動分析から発展してきた言語と認知を関係づける学習理論ということになります。人間の思考に関わる言語や認知を関係づける，すなわち，ある刺激事象と別の刺激事象を恣意的に任意に結びつけ，派生させることで学習が成立するとみるのです。言語や認知の学習理論として，新たに加わったことになります。人間においては，刺激と刺激の関係性を結合させ，さらに派生させることができます。そこにはオペラント学習が機能しています。すなわち，正の強化と負の強化を通して学習がなされるのです。この学習には３つの特性があると言われています。

①相互的内包：１つ目は，**相互的内包**（mutual entailment）です。例えば，私たちが外国語を学習する場合は，日本語「リンゴ」と英語「apple」を関係づけて学習します。逆に「apple」といえば「リンゴ」であるという関係も理解できます。

②複合的内包：２つ目は，**複合的内包**（combinatorial entailment）です。先の例で示せば，「リンゴ」と漢字の「林檎」の関係を学習すると，同様に「apple」と「林檎」を関係づけて学習し理解することができます。

③刺激機能の変換：３つ目は，**刺激機能の変換**（transformation of stimulus function）です。リンゴはすべて甘いと思っていた子どもが，青いリンゴを食べて酸っぱい味がしたという体験をしたとします。そのとき，リンゴはすべて甘いとは限らないことを学習します。その後，リンゴはすべて甘いという考えを変えます。このように双方向性が成り立

つ関係で「〜と同じ」となることを**刺激等価性**（stimulus equivalence）といっています。それ以外の刺激同士の関係フレームは，次のようなものがあります。

対立フレーム（opposition）（例：「昼と夜」「暑さと寒さ」の関係）
比較フレーム（comparison）（例：「良いと悪い」「優劣」の関係）
時間的関係フレーム（temporal relations）（例:「先と後」「速いと遅い」の関係）
空間的関係フレーム（spatial relations）（例：「広いと狭い」「遠いと近い」の関係）
因果的関係フレーム（causal relations）（例：A は B の原因）
階層的関係フレーム（hierarchical relations）（例：2 階は建物の 1 部）
指示的関係フレーム（deictic relations）（例：A 君が「ボールは右の棚にある」と言い，B 君はそのボールを見つけるために右の棚を探す）

これらの関係フレームは，人は種々の方法で刺激を関連づけることができるばかりでなく，ある刺激について直接的経験がない場合でさえも，その刺激がこれらのフレームに関与することによって行動が変容されることを示しています。ここで，これらの関係を示した具体的な例を挙げて説明します。

これから野球の試合があるとします。しかしメンバーが 1 人足りません。試合は 10 分後に始まる予定です。K 君と S 君がいますがここには来ていません。急きょどちらかの選手を呼び出して加わることは，大きな強化子です。9 人揃わないと試合の参加権利を失うことになります。ここには負の強化が機能しています。この 2 人とも選手として資格があります（等位フレーム）。しかし，K君が選手としては上です（比較フレーム）。しかもK君は高校選抜で甲子園にも出場しています（階層関係フレーム）。K君が参加するとなれば，3割以上の打率を上げるでしょう（因果的関係フレーム）。しかし，K君はここへ来るのに1時間はかかり，それに対してS君は野球場の近くに住んでいます（時間的関係フレーム，空間的関係フレーム）。

このような場合に，試合参加の権利を失わないのはS君の方です。このように，これらの刺激事象に関して以前に強化が与えられたことがなくとも，また，これらの刺激に直面したことがなくとも**関係フレームづけ**（relational framing）によって，効果的な行動へ導くことができるのです。

(2) 関係フレームづけと精神病理

RFTによって，いつも適合的行動が学習されるものでもありません。臨床的には，逆に負の関係フレームづけが行われる場合があります。例えば，「頭痛」という刺激と「脳腫瘍」という刺激が恣意的に関係づけられると，その人はそれに囚われてしまって，悩みを抱えることになります。さらに，それらは「死」と結びつき，それが悪循環となってさらに悩みは大きくなります。これらはまさに関係フレームづけ学習で悩みを作りだしたことになります。

参考文献

Bandura, A.（1977）. Self-efficacy: Toward a unifying theory of behavioral change. *Psychological Review, 84*（2）, 191–215.

Hayes, S. C., Strosahl, K., & Wilson, K. G.（1999）. *Acceptance and Commitment Therapy: An experiential approach to behavior change.* Guilford Press.

今田 寛（1996）. 学習の心理学. 培風館.

Premack, D. (1965). Reinforcement theory. In D. Levine (Ed.), *Nebraska symposium on motivation*. University of Nebraska Press.

第４章

行動療法と機能分析

1. 機能分析とは

行動療法における**機能分析**（functional analysis）とは，特定の行動がなぜ起きるのかを理解し，それを変えるための戦略を立てるために用いられます。機能分析は，行動を引き起こす要因やその行動がもたらす結果を客観的に観察し，分析するプロセスです。具体的には，現在問題となっている**行動**（B：Behavior）を明確にして，その行動がどのような**刺激**（A：Antecedent）によって生じたのか，その行動の持続にはどんな**結果**（C：Consequence）が関与しているのか，そして，望ましい行動を形成するには，どんな治療方針を立てたらいいのかを検討します。

例えば，ストレスがある時に食べ過ぎるという問題行動を考えてみましょう。機能分析では，まずストレスが食べ過ぎる行動を引き起こすきっかけとなる要因を分析します。その後，食べすぎたことでストレスが一時的に緩和されるという結果があるかもしれません。その場合，ストレスがかかるたびにその軽減方法として食べるという行動が強化されるという可能性が考えられます。

機能分析を通して，クライエントは自分の行動や感情を客観的に把握することができ，問題行動を引き起こすパターンを理解することができます。このプロセスは，行動療法の重要な部分であり，問題行動を改善するための方略と技法を提供します。

2. 標的行動と治療目標

行動療法の治療対象となるものは，今問題になっている行動や症状そのものです。行動療法は本来治療技術であり，そこには価値観は入ってきませんが，治療目標を決める場合は，社会的適応という面を重視するので，一定の価値観は入ってくることにはなるでしょう。したがって，治療者は，本人や保護者などとの話し合いの上で治療目標を決めることになります。例えば，不登校であれば学校へ行かないことが**標的行動**（target behavior）であり，その子どもが自ら登校するようになることが**治療目標**（goal of treatment）となります。眼瞼チックであれば，眼瞼の不随意運動が標的行動で，その消失が治療目標となりますし，抜毛症であれば，髪の毛を抜くことが標的行動であり，その子どもが髪の毛を抜かなくなり，髪の毛が増えることが治療目標となります。問題行動が複雑になるにしたがって，慎重な機能分析が必要になります。

ここに外出を怖がる人がいたとしましょう。この場合，外出恐怖そのものが標的行動であり，自由に外出を可能にさせることが治療の目標になります。しかしながら，現象的には同じ外出恐怖であっても，その背後にある理由（例えば，対人的な恐怖，心臓麻痺恐怖，広場恐怖など）によってアプローチの方法は異なります。したがって，標的行動についてはこのような点まではっきりと調べておかなければ，治療目標へつながる機能分析にはなりません。また，同一人物が同時に種々の問題行動を持っている場合，その中心となっている行動は何かを注意深く探し出す必要があります。例えば，幼稚園児のＡ子さんは入園したものの，3カ月経った現在でも先生にあいさつすることができず，また先生から呼ばれても返事をすることがありません。また，園内でＡ子さんは友だちとも話をせず，一緒に遊ぶこともありません。A子さんは集団に入っていかず，よく園の隅に固まって立っています。機能分析により，A子さんの種々の問題行動の背景には，社会的場面での緊張感があることがわかったとすれば，これが標的行動となり，彼女の治療の目標は，社会的場面で緊張感なく他の園児と話せるようになることになります。

このように，標的行動は，私たちが変容させたいと思っている行動です。行動療法では，治療によって，標的行動を治療目標の行動に近づけていき，最終的には治療目標の行動と一致させることを目指します。また，新しく望ましい行動を形成しようとする場合の標的行動は，治療目標へ接近していく各段階のそれぞれの部分（下位）が目標行動であり，ここでも標的行動は，最終の目標行動となっていきます。また，治療に先立ち，標的行動を治療目標との関連で客観的に評価できるようにしておき，可能な限り数量的に治療過程を表すことが重要です。

3. 標的行動（問題行動）の発生

一般に，行動は条件づけの原理に従って形成されますが，問題行動もその原理に基づいて形成されます。問題行動はそれに先行する刺激によって生じたのか（レスポンデント行動），それとも，それに随伴する結果によって生じたのか（オペラント行動）を検討しなければなりません。不安のような自律反応が第一義的に関与して生じている問題行動は，そのほとんどが前者によって形成されたものです。したがって，問題行動に不安が介在しているかどうかを調べることは，その後の治療方針や治療技法の選択において重要なプロセスになります。しかし，生じている問題行動が長い経過をとっている例では，その発症に関与した刺激を明確にすることができないこともあります。そのような場合に重要なことは，現在の問題行動を維持している要因を機能分析によって見出すということになります。

4. 問題行動の持続

問題となる行動が，どのような刺激によって持続しているのかを検討します。発生時に関与した刺激が，現在もその問題行動を持続させている場合もありますし，また，それとは別の刺激によって，問題行動が持続されていることもあります。レスポンデントの原理で発症した行動が，その後はオペラントの原理で強化持続されていることもあります。治療という立場から見れば，現在の問題行動を持続させている刺激をもっと重視するべきです。つまり，問題行動が先行刺激によって，または後続刺激（オペラント強化）によって持続しているのか，それとも不安のような媒介変数が介在して持続しているのかを慎重に見極めた上で，それらを適切に操作しなければなりません。例えば，回避行動はオペラント学習の負の強化によって形成されます。嫌悪刺激を取り除くことで回避行動が高まり，問題行動が維持されると考えます。回避行動は，一時的には，安全確保行動を求めて逃避が起こり，そこで，周囲からの関心，同情，思いやりなどの強化を受けて維持されます。

5. 問題行動変容の技法

長期にわたる回避行動として持続している問題行動は，家族からの関心，同情，思いやりなどの強化を受けており，その問題を抱えるクライエントを望ましい行動へ変容させることはなかなか容易ではありません。これらの問題に対応する方法として，次のようなことが重要であると考えます。第１に強化となっている家族の種々の対応を徹底して除去することです。すなわち，周囲の人（主に家族）はクライエントが示す問題行動に対して関心，同情，心配などを示さないようにします。第2に，問題行動に代わる望ましい行動に対しては積極的に称賛し，その行動を強化していきます。

ここで，思春期やせ症になった高3の女子生徒の事例を紹介します。この女子生徒は，約1年前，体育の時間に跳び箱を跳んだ時，右肩と腕に痛みが走りました。いくつかのクリニックを受診し，さまざまな検査を受けましたが，医学的に異常はなく，心因性であることが疑われて私たちのクリニックを紹介されてきました。彼女は，小学校の頃から体育が不得手でした。体育の時間に跳び箱を跳んだ直後に「君の跳び方はぎこちない，そんな跳び方をすると筋肉をいためるよ」と先生に指摘され，非常に恥ずかしい思いをしました。恥ずかしい体験が**契機**（trigger）となり，回避行動としての症状が出現したものと思われました。しかも，休学しての医療的処置が，不本意にも症状持続の強化となっていました。

介入法としては，本人や家族に対して，この症状が心因性の身体症状であることを説明し，学校状況，特に体育の時間からの回避行動としての症状が出ていることを理解させ，しかも，家族が示す同情や心配が症状を持続させていること，休学して医療機関巡りをしたことが逆に症状持続になっていること等を教示して，徹底して心理教育を行いました。具体的な治療法としては，はじめは毎日通院し，右半身の痛みに対して自分の症状を観察して記録する**セルフ・モニタリング**（self-monitoring）を行いました。この方法はマインドフルネスと共通しています。これを集中的に行い，症状軽減に対してはオペラント強化を行いました。その結果，症状は次第に軽減していきました。痛みの過程をグラフ化し，その改善過程を賞賛していきました。このように，外来治療を行いながら，学校復帰の手続きを取りました。身体症状は5セッションで改善し，学校復帰もはたしました。3カ月のフォローアップでは体育にも参加し，順調に通学していることが報告されました。

第5章

行動療法の技法

1. 心理教育

［技法の概要］

行動療法では**心理教育**（psychoeducation）をとても重視しています。まず，行動療法を実施するにあたって，子ども自身や保護者そして関係者は，子どもが示す不適応行動（症状）は，どのような**特性**（nature）を持っているのか，どのようにして発現したのか，そして維持されているのかについての知識を持ち，これら一連の情報を共有することが重要になります。さらに，その不適応行動を望ましい適応行動へと変容するには，どのような技法を用いればいいのかについても，セラピストはクライエントと話し合いを行います。これが心理教育です。心理教育は，はじめの段階で時間をとりますが，その介入過程においてもお互いに話し合いを持ち，さらに，効果的な方法を確認しながら進めていくことになります。少しでも望ましい方向に進んだら，大いに賞賛します。介入が停滞したり，思うように進まない場合は，その都度話し合いを持ち，進め方を工夫し，改善していきます。

一般に，心理教育は，初期の段階だけと思われがちですが，先にも言ったように，介入過程でも行い，さらには，介入が終わった段階以降において**再発**（relapse）を防ぐ点からも，続けることが大切です。また，心理教育は，他の技法と併用する場合が多いですが，ケースによっては心理教育のみで効果を発揮する場合もあります。子どもの場合は，**ペアレントトレーニング**（parent training）にみるように，もっぱら保護者に心理教育を行い，保護者が，**コ・セラピスト**（co-therapist）になり，介入に当たる場合があります。

2. 刺激制御法

［技法の概要］

私たちの行動は，外の刺激によって大きく影響を受けています。例えば，車を運転している時に，速度制限標識があれば，その速度内で運転し，追越し禁止区域であれば前車に従います。また，運動場で遊んでいる子どもたちは，チャイムが鳴ると教室へ入ります。このように標識やベルという刺激は，行動に影響を与えます。つまり，私たちの行動は環境における**先行刺激**（antecedent stimulus）や**手がかり**（cue）によってコントロールされています。これらは，**弁別刺激**（discriminative stimulus）とよばれ，その行動は刺激制御の下にあります。これらの行動は，前者では，違反行為や罰金からの回避であり，後者は先生からの承認であり，いずれも，オペラント行動ということになります。

子どもの持ち物に名前をつけることとか，教室の書棚をそれぞれ決めておくことなども，刺激制御ということになります。さらに，子どもが両親のうち，父親の方が要求をかなえてくれていると，次第に父親が弁別刺激となり，甘い父親が形成されることになります。

この**刺激制御法**（stimulus control）を臨床的に適用する場合，望ましい行動は誘発されやすいようにして，出現頻度を高めます。また逆に，望ましくない行動は，誘発されにくいようにして，出現頻度を低めることになります。このように環境刺激を事前に調整するという方法が用いられています。この技法では，自分自身の行動を自分で変容させるために，環境刺激を再調整したり，代替の刺激に曝したり，さらには，全く環境を変える場合もあります。これらは，自己コントロール法にも通じることになります。

［技法の適用］

特定の行動を発展，維持するための刺激制御法として，例えば，勉強行動であれば，それが生じやすいように勉強環境を整えることから始めます。勉強は決められた机でするようにします。机の上には，これから勉強する本とノートだけを置き，勉強を邪魔するようなものは一切置かないようにします。また，毎日の勉強時間も決めておき，その時間になったら必ず勉強を始め，終わる時間がきたら止めるようにします。このように，特定の時間を先行刺激として決めておき，それを守ることが勉強の能率を高め，成績アップにつながることになります。

一方，望ましくない行動を止めさせる方法の例として，刺激制御法を適用した肥満者の減量手続きがあります。一般に，肥満者は目に見えるところに，あちこちと食べ物を置き，食べやすいようにする傾向があります。そして，それを頻繁に食べる機会を自然に作っています。そこで，この種の食行動を変容するために，この誘発刺激となっている食べ物を部屋のあちこちに置かないようにします。冷蔵庫に買いだめもしないようにします。つまり，安易に食べられる状況をつくらないように環境を設定します。さらに，3回の食事に限定し，決まった場所でできるだけ一定の時間に決まった食事をとるようにします。私たちは人と雑談しながら，雑誌を読みながら，テレビを観ながら，物を食べるという**対行動**（pair behavior）をとりやすいものです。そこで，この対行動を切り離し，単独で行うようにします。対行動で知っておかねばならないものに**プレマックの原理**（Premack principle）があります。これは，「生起率の高い行動は生起率の低い行動を強化する」というものです。生起率の低い勉強行動と生起率の高い遊び行動を結びつけて，勉強を済ませてから遊びに行くなどはこの例です。

ある行動を行わせないようにするには，それを誘発するような刺激を物理的に遮断する方法をとる場合もあります。例えば，見えないところに隠す，鍵をかけるなどです。さらに一歩進めて，指しゃぶりや爪かみにみるように，それができないように手袋をはめる等は刺激制御の一種になります。

3. 強化撤去法，消去

［技法の概要］

不適応行動の増悪や持続にはオペラント強化が作用しています。その不適応行動の強化子となっているものを除去することで，その不適応行動を消去しようとする技法が**強化撤去法**（withdrawal of reinforcement）です。臨床的には，そこで機能している強化を撤去しながら，もう一方では，適応行動を形成する技法を併用する方法をとっています。常識的には，不適応行動を止めさせる方法として，叱責や注意を与えますが，その不適応行動は思うように軽減しません。強化撤去法では，不適応行動を持続させている強化子を見つけて，適切に操作していきます。学習理論では，**消去法**（extinction method）ということになります。ただ，最近の消去に対する考え方は，強化を撤去することでその不適応行動が減少することは，単なる消去する（消え去る）のではなく，新たな**制止学習**（inhibitory learning）を行うことであるという見方に変わってきました。不適応行動の発現の原因が何であれ，不適応行動の持続に注目して，それを持続させているものは何か，どんな強化子が作用しているのかを機能分析をして探し出すことになります。そして，その不適応行動を持続させている強化子を除去することになります。理論的にわかっていても，実際の臨床の場では困難な点や注意すべき点があり，思うように治療が進まないことがあります。その辺の問題について次に触れてみます。

［適用上の留意点］

(1) 消去バーストとその対処

これまで強化が与えられていた不適応行動に，急に強化が与えられなくなると，消去バーストが起こります。例えば，子どもは一時的に不適応行動を悪化させたり，かんしゃくを起こしたり，すねる行動をとったりします。これに周りの人（特に保護者）が耐えかねて強化を与えるようなことになると，その不適応行動はなかなか修正できません。この技法を適用する際は，この現象を充分に理解した上で，終始一貫して行わねばなりません。同時に，不適応行動とは反対の望ましい適応行動を形成するための手続きを行います。

(2) 一貫性

強化撤去法は徹底して行うことが肝要です。強化撤去法は，比較的長く続けないと効果は出ません。その途中で，時に不適応行動に強化子が与えられると，部分（間欠）強化の原理で不適応行動はなかなか減弱しません。保護者や周りの人は，同情心から時に強化を与えてしまいがちですが，これが不適応行動持続のネックになることを知っておく必要があります。

(3) 適応行動への強化併用

家庭や学校での不適応行動に強化撤去法を行うと，他の場面で不適応行動が生じる場合があります。強化撤去法を適用する場合は，そのことも念頭において実施する必要があります。ここでも忘れてならないことは，不適応行動に強化撤去法を行いながら，同時にそれと相対立する行動，すなわち適応行動の形成に注意しなければなりません。

(4) 不適応行動に対する無視

一般に不適応行動は，人間関係の中で起こります。家庭の中であれば，保護者の注目が強化子になっている場合が多々あります。また，保護者の注目を得たいために，不適応行動をする場合もあります。遊び仲間の間における不適応行動は，仲間の賞賛や注目によって強化されます。また，普段孤立している人や注目されない人に不適応行動が見られる場合，それを注意したり叱ったりすると，その不適応行動が抑制されるどころか，その不適応行動が持続します。それは注意や叱責が強化子となっているからです。このような事例を見ていくと，強化撤去法を適用するに際しては，その不適応行動はどのような状況の中で生じているのか，何がその不適応行動の強化子なのかを慎重に見極めて，細心の注意をもって行う必要があります。

4. 正の強化法

［技法の概要］

正の強化法（positive reinforcement）とは，望ましい行動ないしは適応行動を目指して，それらの行動に強化子を随伴させて新しい行動を形成していく技法です。つまり，オペラント条件づけの最も基本的な手続きを用いて臨床に応用するものです。私たちの多くの行動は，正の強化子によって習得されていきます。このことは，すでにオペラント条件づけのところで述べてきました。したがって，正の強化法は行動療法の諸技法の中でも，特に適応行動を新たに形成するような場合，まだ十分に形成されていないような行動を確実に形成する場合，さらには不適応行動を適応行動へと変容するような場合などに用いる最も中心的な技法ということになります。

本技法は強化撤去法と同じように，原理的にはまったく難しいものではありません。ただそれだけに，本技法を実際に臨床に用いる場合，機械的になりがちです。また，私たちが日常生活の中で，子どもの望ましい行動を形成する時なども，常識的に用いているものです。そこで，実際に本技法を臨床の面でより効果的に，かつ確実に実施するにあたっての工夫や留意点を述べておきます。

［適用上の留意点］

(1) 強化手続き

望ましい行動を形成する場合の強化子の用い方として，はじめは連続強化で行い，その後は，時々強化子を与える間欠強化へともっていくことが重要になります。

(2) 強化の即時性

適応行動の形成には，望ましい行動にすかさず強化子を与える方が効果的です。特に，幼少児や発達障害児の場合は，行動と強化子が時間的に離れているとなかなか学習がされにくいので，充分に配慮すべきでしょう。

(3) 随伴性への理解

人間の場合は少々の時間的接近がなくとも，条件刺激と無条件刺激の随伴性を理解し，適切に教示しておくと，適応行動は学習されやすくなります。

(4) 強化の確立操作（動機づけ操作）

効果的に強化子を用いる方法としては，その強化子の価値を高めておくことが大切です。例えば，強化子として用いているものは，日常では与えないようにするとか，その強化子を必要とする状況を設定するなどの工夫をします。

(5) 強化子の選択

先に述べたように，強化子は物的強化子と社会的強化子に分けられますが，それぞれに用いる場合と併用する場合があります。物的強化子としては，お菓子やおもちゃ，学用品などがありますが，これらは今の子どもたちにとって，強化価が低く，その都度渡すのは不都合な場合もあります。そこで，星取り表やトークンエコノミー法を用いて，トークンを貯めて，一定数になったら子どもの欲しい高価なものと交換する約束をしておきます。また，お金を強化子として，それが貯まったら，旅行やイベントに参加するのもいいでしょう。社会的強化子としては，言語的賞賛，承認，注目，頭をなでる，スキンシップ，大げさな言動などが適用できます。これらの強化子は即時的に与えることが効果的です。

(6) 適応行動の維持

適応行動が形成されると，それを維持することは大切です。私たちは，子どもが適応行動をとるようになると，それを当然のこととして，それにあまり関心を示さなくなります。他方，少しの不適応行動には不用意にも関心を向けやすいものです。このことは，不適応行動に強化を与えてしまうことになり，問題の再発に繋がっていきます。私たちは，日常生活においても，子どもの適応行動に注目し，時々社会的強化を与えていくことを忘れないようにしましょう。

(7) 不用意な不適応行動の強化

一般には，望ましい行動に正の強化を与えます。しかし，母親は，不適応行動に強化を与えるようなこともあります。例えば，子どもがおもちゃ売り場で駄々をこねると，お母さんは仕方なくおもちゃを買い与えます。このような行動をとった場合，次の機会でも，母子に同じような行動が見られます。ここでは，親は駄々をこねる行動に対して知らず知らずに強化を与えていることになります。保護者はこのようなメカニズムを知っておいた方がいいでしょう。

5. 負の強化法

[技法の概要]

すでに述べたように，**負の強化**（negative reinforcement）とはある行動が起こったときに**嫌悪刺激**（aversive stimulus）を除去することで，その行動を高める操作・手続きのことを言います。例えば，子どもが学校から帰ってもなかなか宿題をしないと，母親は早く宿題をしなさいと叱責します。子どもが勉強を始めると，母親は嫌悪刺激である叱責をやめます。このような手続きが負の強化法です。時々，罰と負の強化法が混同して使われていますが，罰はあくまでも行動を抑制する手続きです。それに対して，負の強化法は嫌悪刺激を取り除くことで行動を高める手続きです。罰と嫌悪刺激が一致する場合が多いので誤解されやすいのかもしれません。

一般に，人間は嫌なことや苦痛なことから逃げる傾向があります。そこには，負の強化が働いています。これを逃避行動と言っています。子どもの不適応行動のほとんどは，負の強化のメカニズムで持続していることを知っておく必要があります。

[適用上の留意点]

負の強化法を単独で用いるよりも，正の強化法と併用した方が効果的です。先の子どもの宿題をする事例において，最初に負の強化法で勉強を始めたら，すかさず正の強化法で強化していきます。嫌悪刺激は，慎重に用いる必要があります。適用する人と子どもとの関係が悪化する場合もあり，子どもの感情を深く傷つけることもあります。子どもは，その場から逃げることもあります。このように副作用が生じることもあるので，嫌悪刺激の適用には十分な注意が必要です。

6. シェイピング法

［技法の概要］

はじめに，**シェイピング法**（shaping）を効果的に用いて，約19年間にわたって，言葉をまったく発しなかった40歳の男性患者の言語行動を回復させたアイザックスら（Isaacs, et al., 1960）の有名な研究からみていきます。

この患者さんは，長い間統合失調症で精神科病院に入院していました。彼は，周囲の種々の刺激にまったく関心を示さず，自発的行動もなくなっていました。集団療法でも中に入っていきません。ところが，セラピストが誤って落としたチューインガムに，この患者さんが目を向けたことから，アイザックらは，ガムを強化子として言語行動を回復させる試みをすることになりました。それは週3回の集中的訓練でした。言語行動形成の最初の手順として，眼球運動反応の形成から始めました。目前にガムをおき，それに目が向くと，すぐさまそのガムを与え，眼球運動反応を強化しました。次に目の前にガムをおき，しばらくそのまま待ち，少しでも唇が動くとガムを与えました。次にセラピストがガムをみせながら「ガム」と言いました。「ガムと言ってごらん」と何回か繰り返すうちに，患者さんが小さい声で「ガム」と言えるようになりました。このようにして，「ガム下さい」という言葉を発するようになるまでもっていくことができました。その後，言葉の輪を広げ，名前や年齢を質問されると応えられるようになりました。セラピスト以外の人とも話せるようになりました。

ところで，19年間も言語を発したことのないこの患者さんに，仮に最初から「ガム下さい」という言葉を発した時に，ガムでこれを強化する手続きで言語行動を形成するとしたら，その結果はどうだったでしょうか。おそらく，言語行動の形成は不可能でしょう。オペラント条件づけによってある反応を確立していく場合には，その反応が自発的にある程度生起する必要があります。しかし，19年間も発語したことのないこの患者さんには，はじめからそうした言語行動の自発的生起は望めそうもありません。この患者さんには，自発的言語行動は**行動レパートリー**（behavior repertory）にはないものであり，オペラント水準はゼロに近いものです。したがって，最初からいきなりそのような言語行動の自発的生起をまって，それをオペラント条件づけで強化するという手続きは困難です。そこで，アイザックらは自発的に生起する可能性のない言語行動を形成していく方法として，まずガムに対する眼球反応から始めて，唇の動きの反応を形成し，次に発声の形成，発語の形成へと進み，言語行動に達しています。

このように，行動レパートリーにない新しい行動を形成する場合，目標行動に結びつく反応で，より容易な行動から始めて，次々に目標行動に至るような一連の反応を継次的に形成しながら，目標行動にいたる方法をシェイピング法と言っています。

［適用上の留意点］

シェイピング法を用いる時の最も大切な留意点は，目指す目標行動への到達がよりスムーズに，かつ効果的に進められるように，各段階の行動を適切に分けて，ステップバイステップで行動を形成するということです。各ステップの行動をあまりに細分化しすぎると，時間を要し無駄になります。逆に各行動間のステップが粗すぎても次のステップへの進行に無理が生じます。また，あるステップの行動を強化し過ぎると，そこに留まってしまい，次のステップへのスムーズな流れを妨害します。一方，あるステップの行動が不十分であると，次のステップの行動への移行が難しくなります。

また，アイザックらの例で示すように，シェイピング過程で**プロンプト**（prompt）を用います。プロンプトとは，行動形成を促進するための言語的教示，命令，ジェスチャー，さらには手をとって教える指導などのことです。例えば「靴下をはきましょう」というような言語表現，これから行おうとする行動のジェスチャーやそれを手伝うこともプロンプトになります。上手に強化とプロンプトを繰り返しながら目標行動を達成させます。

そこで，行動の形成が進展するにつれて，プロンプトも段階的に引っ込めていきます。これが**フェイディング**（fading）です。そしてこれらの行動は，適応行動として習慣化されます。その行動を維持するためには，時々の強化を忘れてはなりません。

シェイピングは，オペラント条件づけの原理で行われてきましたが，最近では，モデリング法で学習していく場合も多くなりました。すなわち，親や先生がまずモデルとなり，それを子どもが観察して模倣するのです。そして，その過程で適切にプロンプトや強化を使って特定の行動の形成を行います。

7. 行動連鎖法

［技法の概要］

ほとんどの行動は，一連のつながりの反応から成り立っています。例えば，子どもが朝起きて，布団をたたみ，着替えて，洗顔し，朝食をとるという朝の日常行動は，それぞれ**鎖**（chain）となって相互に結びついています。

子どもが日常生活場面で，適応行動を遂行するようになるまでは，まず，シェイピング法によって１つ１つ新しい行動を獲得させ，それらを保持させた上で，行動レパートリーとなったこれらの行動をさらに複雑な行動に発展させていく手続きをとることになります。**行動連鎖法**（behavioral chaining）はそのために用いられます。行動連鎖法とは，１つ１つの**行動単位**（behavior component）を有機的に結合させて，より複雑な適応行動を身につけさせる手続きです。

朝の一連の行動を子どもに習慣化させる方法として，この行動連鎖法を適用する場合を見てみましょう。ある子どもの起床後の行動として，①寝巻を脱ぎそれをたたむ，②布団を片づける，③制服に着替える，④顔を洗う，⑤朝食の準備を手伝う，⑥朝食をとるという順序で流れていくとします。これらの①～⑥の各行動に分けることによって，分析する過程を**課題分析**（task analysis）と言っています。この課題の１つ１つは，すでにシェイピング法で形成されていても，朝の一連の行動としてはスムーズに進まない場合，一連のつながりの中で，子どもに教えていかねばなりません。その教え方には２つの方法があります。それは，**順行連鎖法**（forward chaining）と**逆行連鎖法**（backward chaining）です。順行連鎖法は，最初の行動から始め，順次進めていく方法です。それに対して，逆行連鎖法は，最後の行動から始め，順次さかのぼっていく方法です。一般に，子どもに複雑な行動を形成させるには，この逆行連鎖法を用います。

これをオペラント条件づけの原理を用いて説明しましょう。先の例から見ていくと，「朝食をとる」ということは１次的強化子です。朝食に先行する行動は，「朝食の準備を手伝う」ことです。朝食の準備に随伴させて朝食をとるようにもっていきます。そうすることで，朝食とその準備行動を結合させることになります。「朝食の準備を手伝う行動」が朝食のための**弁別刺激**（SD）となります。すなわち，朝食に先行する刺激事象は，その**手がかり**（cue）または**シグナル**（signal）をともなっています。したがって，弁別刺激は，このように強化の手がかりとなるばかりでなく，それ自体が強化子の働きもするようになります。いわゆる二次的強化子の性質を持つようになるのです。次に「洗顔する」行動と強化の性質を持つ弁別刺激「朝食の準備を手伝う行動」とを結合させることによって，「洗顔する」という行動もさらに強化刺激となります。このようにして，次々と朝の一連の行動がつながりを持つようになり，複雑な行動が１つのまとまりのある行動の流れとなり，習慣化されていきます。

［適用上の留意点］

一連の行動は，それぞれの行動に直接強化が与えられなくとも，このような行動連鎖の原理で，それぞれの行動が次々と強化されることによって維持され，習慣化していくことになります。もちろん，行動連鎖法を形成する過程で適宜プロンプトや言語的強化を用い，フェイディングもしていくことが大切です。先にも指摘したように，行動連鎖法もシェイピングと同様にモデリング法を導入することもあります。家庭では保護者がモデルを示し，子どもがそれを観察して模倣することもできます。施設や学園では，年長者や指導者がモデリング法で示範し，子どもは一連の行動を学習していきます。

他方，行動連鎖法の原理で，知らず知らずのうちに社会的に望ましくない行動を形成する場合もあります。例えば，リビングでテレビを観ていて，CM の間に何となく冷蔵庫を開け，プリンを取り，再びリビングにもどりテレビを観ながらプリンを食べるとします。これらの一連の行動は，過食行動につながっていく可能性があります。これも行動連鎖法で不適応行動を形成する例です。それを止めるには，行動連鎖のはじめの段階で，誘発刺激になっている事象を遮断することです。ここでは，冷蔵庫に近づかないとか，周りに食べ物を置かないなどです。

8. トークンエコノミー法とレスポンスコスト法

［技法の概要］

トークンエコノミー法（token economy）

望ましい行動を形成する過程において，アメ玉とかジュースなどのような強化子をそのつど用いることは，実用的ではない場合がしばしば出てきます。また，別種の強化子の方が大きな強化価を持つ場合があります。このような時に，トークンエコノミー法が用いられます。トークンとは代用貨幣という意味で，シール，カード，スタンプなどを用います。また，星取り表やカレンダーに花丸をつけるのもいいでしょう。望ましい行動のたびにトークンを与え，それが決められた数に達したら，子どもの欲しいものと交換できる仕組みになっています。これを**バックアップ強化子**（backup reinforcer）と言います。バックアップ強化子としての交換物は，子どもによって異なりますが，お金，ゲームなどの強化価の高いものや，映画鑑賞，レジャー活動，家族旅行などが利用されます。

トークンエコノミー法は，エイロンとアズリン（Ayllon, & Azrin, 1968）が精神科病院の入院患者の全般的な活動性を高めるために，はじめて導入しました。その後，集団を対象とした特別支援学級，心身障害児（者）施設，矯正施設，さらには学校や学級でも取り入れられ，自閉症，多動児，不登校，抜毛症，夜尿症，遺糞症，肥満などの治療に効果を上げてきました。個人を対象とした治療では，自閉症，多動児，不登校，抜毛症，夜尿症，遺糞症，肥満などに適用した例があります。トークンエコノミー法を始めるに当たっては，次のような点を明確にしておく必要があります。

(1) 標的行動と治療目標の明確化

標的行動という場合は，増やすべき望ましい行動を指す場合と減らすべき望ましくない行動を指す場合の両方が含まれます。不登校では，学校を回避する行動が標的行動であり，自ら登校するようになることが治療の目標になります。目標に向かっての行動をスモールステップに分け，そこでの部分目標にトークンを与えるとか褒めるとかで強化します。例えば，制服を着る，玄関を出る，正門まで行くなど，それぞれのステップでトークンを与えます。後者の例としては，肥満の人の減量が挙げられます。この場合，体重が標的行動であり，減量して標準体重へ至ることが治療の目標と言うことになります。例えば，500g 減量するごとにトークンを与えるようなアプローチがとられます。

(2) 適切なトークンの設定

トークンにはさまざまなものがあります。年少児であれば絵カードやシール，年長児であれば，褒め言葉の入ったカード，星取り表などを用いてもいいかもしれません。トークンを与える時は，褒めることも忘れないようにしましょう。年齢に応じて，トークンを貯めること自体にも楽しみが持てるように工夫しましょう。事例によっては，バックアップ強化子がなくとも，トークンを貯めることだけで効果があります。

(3) 交換物の設定

施設等でのトークンは，施設内の売店で日常品と交換できるようにしておくのもいいでしょう。家庭でのトークンは，目標に達したら家族での外出を約束しておき，その時に自由に使えるお金に換算できるようにしておきます。個人であれば，本人が欲しいと思っているものをバックアップ強化子として選んでおき，目標行動が定着する程度までに貯める必要のあるトークンの数を事前に設定しておきます。

(4) トークンの条件設定

実施の初期においては，子どもが容易にトークンを手に入れられるような条件にしておき，段階的にその条件を高めていくようにします。例えば，昼間遺尿症で，1時間パンツを汚さなかったら，1枚のトークンが与えられ，次は2時間パンツを汚さなかった時に1枚のトークンが与えられるようにしておきます。また，トークンをお金に換金するような条件では，低学年では，トークン1個を50円に，高学年では100円等にすると決めておき，保護者はその日にお金を渡すように設定したりします。

この方法では，動機づけとの関連を考慮して，子どもが喜んで参加するようにもっていくように工夫します。例えば，集めること自体が楽しみになるようなトークンを設定したり，交換物を子どもの欲しい物で強化価の高いものに設定するなどです。また，この方法に積極的に参加するための環境操作（確立操作）を行うことも大切になります。

レスポンスコスト法（response cost）

トークンエコノミー法は，しばしばレスポンスコスト法と併用されることがあります。レスポンスコストとは，ある特定の適応行動で与えられていたトークンを，不適応行動を行った場合に取り上げることです。あるいは，子どもに決まって与えられていた特定の特権（例えばお金）を不適応行動をした時には与えないという手続きです。これらは**トークン撤去法**（token withdrawal）とも言われています。この種の手続きの終結には，目標行動がその後も定着していくようにもっていきます。例えば，連続強化子から間欠強化子へと転換する，物的強化子から社会的強化子へ切り替えるなどです。適応行動を行うようになったからといって放っておかないで，時々の強化子を与えてその維持に努めます。

9. 行動契約法

[技法の概要]

行動契約（behavioral contract）とは，事前に決められた方法で望ましい行動を増やすこと，または望ましくない行動を減少させることを目的として，二者またはそれ以上の当事者間で取り決められた同意書のことです。通常は書面にして双方がサインをすることになっています。随伴して結果がもたらされるので**随伴性契約法**（contingency contract）ともいっています。目標行動への過程をいくつかに分け，その義務を果たしたことに対して，正の強化子としての特権を与えます。その義務を果たすことができなかった場合は，それ相応のペナルティが課せられるようになっています。

スチュアート（Stuart, 1971）は異性交遊，薬物乱用そして夜間の無断外出などが見られる16歳の非行少女の矯正に，親子の間に行動契約法を適用して成功しています。ここでは親と担任の先生との連携・協力が必要不可欠です。親は子どもの外出や帰宅時間をそれぞれチェックし，家の手伝いなども記録します（表1）。その結果によって，親は子どもに報酬を与える，もしくはペナルティを課します。担任の先生も1週間ごとに子どもの学校生活を観察して親に連絡します。この他に，怠学傾向や非行傾向のある不登校児，宿題，喫煙，肥満などに適用して成果を上げています。

[適用上の留意点]

行動契約法を適用する場合，次の3つの点に留意しておく必要があります。

表１　スチュアートの行動契約（Stuart, 1971）

特権	義務
〈全般〉 家庭の安全を保持する権利に対して	親と子どもはお互いの行動を積極的に強化し，相手の欠点を強調することを止めるように努める
〈特定〉 登校日には放課後直後から街に行ける特権に対して	子どもは午後４時までに父親に連絡し，自分は今無事であり，午後５時15分までには帰宅することを連絡する
週末のある一夜は行き先を告げなくても午後７時に外出する特権に対して	子どもはクラスでの学業評価が週平均でＢであること，そして午後11時30分までには帰宅しなければならない
次の週末の夜，外出する特権に対して	子どもは午後６時までに一緒にいる友達の名前とその居所を親に連絡し，午後11時30分までに帰宅しなければならない
土，日曜日と祭日は外出できる特権に対して	子どもは外出前に決められた家の手伝いをして，外出中に自分は無事であることを親に連絡しなければならない
家の手伝いをして，門限を守ったことに対して	翌日親は子どもに1.5ドル与える
〈ボーナスと賞罰〉 子どもが決められた時刻より１～10分遅れて帰宅した時	子どもは次の日その時間だけ早く帰宅しなければならない ただしその日お金を失うことはない
子どもが11～30分遅れて帰宅した時	子どもは次の日22～60分だけ早く帰宅しなければならない
子どもが31～60分遅く帰宅した時	子どもは外出の特権を失い，しかもその日のお金も失うことになる
子どもは日曜日の夜７時から９時30分までと月曜日か木曜日の夜のいずれか外出してもよい	ただし子どもは日曜日から土曜日にかけて，全体の遅刻が上の約束の30分以上を超えてはならず，かつこれらすべての契約を守らなければならない
子どもは門限を１～３回に分けて合計２時間延長してもよい	ただし子どもは２週間にわたって全体の遅刻が上の約束の30分以上を超えてはならず，かつこれらすべての契約を守ること，そしてこの門限延長の許可を午後９時までに受けなければならない

①行動契約法は明文化してお互いに共通認識の下で遂行されるが，小さな子どもの場合は単純な行動であれば口約束でも行うことができる。
②行動が履行されれば，その日に強化子（例えば決められたお金）を与えるようにする。強化子は引き延ばさないようにする。ただ，バックアップ強化子の場合は，毎日きちんと記録し，両方にわかるようにしておく。目標行動に達した段階で，子どもは，前もって決めてあったバックアップ強化子を手に入れることができる。
③目標行動に向かって，ステップバイステップで段階的に進むようにする。あまりにも急いだり，ステップを大きくすると失敗する場合がある。

10. モデリング法

［技法の概要］

モデリング法（modeling therapy）は，モデリング理論に基づいて，人の不適応行動を適応行動にもっていく技法です。人は他人の社会的に望ましい行動，すなわち，示範行動を観察することで，自分の行動を同じように社会的に適応するような方向に変容させることができます。さらに，人の不適応的行動に罰が与えられるのを観察することで修正をすることもできます。モデリング法の利点としては，次のようなことが指摘できます。

①モデルの一連の行動パターンを連続的に観察することで，その行動の変容過程を全体的に把握できて複雑な行動でも速やかに学習できる。
②モデルが**生**（live）のものであろうと，**象徴的**（symbolic）なものであろうと，いずれもグループで行うことができる。
③観察者の行動は，モデルの示範行動が強化されることによって促進

される。これは**代理強化**（vicarious reinforcement）と呼ばれる。すなわち，観察者が直接強化を受けなくとも学習ができる。

ここで，オコナー（O'Connor, 1969）の引っ込み思案の子どもにモデリング法を適用した実験的研究を紹介します。引っ込み思案を示す13名の保育園児が選ばれ，2つのグループに分けられました。1つのグループは，社会的交わりが活発に行われている音声付きの映画を見せ，その映画の中で，特定の子どもが他の仲間から社会的承認や玩具や絵本などの強化子が与えられました。すなわち，代理強化を受けました。残りのグループは，人物の入っていない映画を見せられました。その結果，前者は後者に比べて，その後の現実場面での社会的交流が有意に上昇しました。ただ，モデリング学習はオペラント学習に比べて学習力は弱いと言われています。

[技法の種類]

モデリング法においては，現実に存在する生のモデルを観察する**ライブモデリング**（live modeling）と動画やスライドでモデルを観察したり，イメージで描くなどの**象徴モデリング**（symbolic modeling）があります。この種の原型は，先に示したようにジョーンズ（Jones, 1924）が，ウサギ恐怖症の1つの治療法として，子どもが恐れていたウサギと，モデルである他の子どもが平気で楽しく遊んでいる場面をその子どもに繰り返し観察させることで，恐怖症を治した例に見ることができます。

恐怖症に対するモデリング法の進め方としては，モデルが恐怖対象に段階的に接近していき，最後は親密な触れ合いにもっていく**段階的モデリング**（graduated modeling）と，はじめから最終段階の密度の濃い接触状況を観察させる**優勢モデリング**（mastery modeling）があります。一般的には，前者の方法がよく用いられます。さらに，モデルが恐怖対象への接近行動を示範した後で，それと同じような行動を観察者にとらせるように指導する**参加者モデリング**（participant modeling）があります。これは指導者がモデルを示し，子どもがそれを練習する**行動リハーサル**（behavioral rehearsal）と極めて類似しています。この参加者モデリングは，モデリング法の中でも，最も効果的と言われていますが，純粋にモデリング効果以外に，モデルによる情報，モデルの励ましや賞賛，モデルが一緒にいる安心感などが関与して効果を上げていると考えられます。例えば，海軍司令官であった山本五十六元帥は，指導法として次のようなことを述べたと言われています。「やってみせ，言って聞かせて，させてみて，褒めてやらねば人は動かじ」。これはまさに参加者モデリングであるといえるでしょう。

11. 社会的スキル訓練

［技法の概要］

社会的スキルは，社会的場面での対人関係やコミュニケーションをスムーズに行うためのスキルのことです。すなわち，言語的・非言語的な対人行動を適切に行う技能のことで，それらの行動を学習するための訓練を**社会的スキル訓練**（social skills training：SST），または英語の頭文字をとってSSTと言っています。

社会的場面での社会的スキルが欠如していたり，引っ込み思案であったり，恥ずかしがり屋であったり，孤立していたり，また対人不安を示す人は，その場にふさわしい行動がとれないことになります。このような子どもたちは，SSTを行うことで正常な行動を習得していきます。さらに，不適応行動を示す子どもの中に時に見られるように，自己主張ができない，はっきりと拒否できないような場合に対してもこのSSTが役立ちます。異性との付き合いが苦手な若者にも用いられています。

子どもの場面緘黙症や若者の社交不安症などの治療にも応用されています。成人においては，うつ病，アルコール依存症さらには統合失調症などの対人関係の改善にSSTが用いられています。

通常，訓練は集団で行うことが多いですが，個別に行う事例も対象になります。集団SSTでは，特に参加者は決まっていませんが，子どもでは５名前後，その中には普通の子どもも入ります。また，若者・成人の場合は，参加者は８名前後といわれています。この社会的スキル訓練には，独自の技法があるわけではなく，種々の技法を単独に用いるか，またはいくつかの技法を組み合わせて用います。子どもや若者が示す問題行動によって，それに適合する技法を選択することになります。

12. 潜在条件づけ法

[技法の概要]

これはカウテラ（Cautela, 1967）が主唱した技法で，内的過程（イメージや思考）で学習理論，特にオペラント条件づけ理論を導入して，そこで条件づけ療法を行うとするものです。すなわち，内的に強化刺激や嫌悪刺激を提示して，内的に望ましい行動を増やし，望ましくない行動を減弱する行動の変容をはかり，等しく現実の場面での行動変容にも効果をもたらそうとするものです。これは**内潜条件づけ法**（covert conditioning）とも言われ，また，**カバート**（covert）と**オペラント**（operant）を短縮して**カバラントコントロール法**（coverant control）とも言っています。

[技法の種類]

(1) 潜在感作法（covert sensitization）

イメージで望ましくない標的行動を生き生きと描かせ，それに嫌悪刺激を与えることで，その行動を抑制しようとする方法です。これはイメージによる「嫌悪療法」ということになります。この適用例としては，過食気味の肥満や喫煙行動の治療などがあります。肥満例では，好物のケーキに手を延ばそうとした時に，胃のあたりがムカムカして吐き気や嘔吐を催すイメージを与えます。ケーキを食べることを諦めると，気持ちがスッキリするイメージを与えます。このような手続きを1セッション5回程度繰り返します。事例によって異なりますが，通常5セッション前後行います。

(2) 潜在強化法（covert reinforcement）

オペラント条件づけの正の強化法に従うもので，同様にイメージ下において望ましい方向に変容させたい行動に随伴して強化刺激を提示することにより，その行動を促進させる手続きです。強化刺激としては，快適にさせる事柄，さわやかにさせる状況，そして自信を持たせるような事象などが用いられます。本人にとって強化価の高い強化刺激を前もって選択しておきます。セラピストが「強化」と合図したら，すぐさま，その強化刺激を想像できるように練習しておきます。例えば，テスト不安の強い生徒が自信を持って試験に臨めるようにこの技法を応用した場合，試験日の場面をイメージさせた上で，リラックスさせるように誘導し，それができた合図とともに，あらかじめ決めておいた強化刺激をイメージさせて強化していきます。

(3) 潜在消去法（covert extinction）

ある不適応行動がある強化刺激によって持続しているような場合，内的過程でその行動を生き生きとイメージさせ，それに強化が全く与えられない状況を繰り返し提示します。例えば，教室で悪ふざけをしている生徒に誰も注目せずみんなで無視するようにします。そんな場面を繰り返し提示することによって，悪ふざけ行動の消去を試みます。

13. タイムアウト法

[技法の概要]

子どもの攻撃行動や破壊行動というような外へ向かった問題行動に対しては，**タイムアウト法**（time out）が有効な治療法になります。タイムアウト法は，問題行動場面から子どもを引き離し，隔離された場所でしばらくの間過ごさせる方法です。隔離しておく場所のことを「タイムアウト室」といいます。子どもが問題行動を起こす時には，それに対して大なり小なり強化が伴うものです。例えば，子どもがかんしゃくを起こした時，母親はついお菓子を与えたり，機嫌を取ったりしがちです。このことは，かんしゃく行動に随伴して強化を与えることになります。また，母親が叱ること自体も，場合によっては子どもに関心を向ける強化になることもあります。このような問題行動を無視しようとしても，子どもはその間に物を壊したり，他の人に迷惑をかけたりすることもあり，そのような場合，周囲の人は子どもに注意を向けざるを得なくなります。このような状況において，タイムアウト法は，問題行動の事態から子どもを引き離し，そこに作用しているあらゆる強化刺激を取り除き，問題行動を消失させる手続きとなります。

[適用上の留意点]

①タイムアウト法を導入したら，その問題行動が起こるたびに一貫して実行する必要がある。また，関係者の一致した協力が不可欠となる。

②タイムアウト室には長い時間留まらせる必要はない。通常，5分から10分程度利用する。子どもが落ち着くまではタイムアウト室で

過ごさせる。

③タイムアウト室には子どもが喜びそうな強化子となるものがあってはいけない。しばらく座れる椅子などを置いておく。

④タイムアウト法を実施する一方で，子どもの適応的な行動に対しては，積極的に強化を与えていく。

14. 嫌悪療法

[技法の概要]

歴史的にみると嫌悪療法（aversion therapy）は，行動療法的治療法として最も古い治療技法の1つといえるでしょう。ローマ人は，アルコール中毒を止めさせるために，アルコールの入ったコップに線虫を入れて飲ませたと言われています。これは今で言う嫌悪療法です。その後も，アルコール依存症や薬物中毒の治療に嫌悪療法が用いられています。例えば，夫のアルコール依存症に対して，妻が夫に黙って抗酒剤を入れてアルコール依存症を治したり，薬物中毒に対して催吐剤を用いて治した事例等も報告されています。幼児の指しゃぶりに対しても，コショウを指につけて指しゃぶりを治療している事例も報告されています。しかし，これらの方法は罰的なコントロールが強く，治療の現場において積極的に受け入れられませんでした。望ましくない行動に対して，罰的に嫌悪刺激を与えるという考え方が背景にあったからだと思われます。しかし，最近の嫌悪療法への考え方は，望ましい行動をとったら，与えられていた嫌悪刺激を取り去るという**嫌悪除去**（aversion relief）法が優位になってきています。

[適用上の留意点]

嫌悪療法を適用する場合，以下の4つの点に留意する必要があります。

①嫌悪療法開始後，症状によっては一過性に悪化をみるがこれは一時的な現象である。
②嫌悪療法で用いる際の嫌悪刺激の強度は，患者に不必要な苦痛を与えない程度に配慮する。
③本技法は患者に不安や緊張反応を誘発しやすく，適用を誤ると症状が悪化することもある。また，倫理上の問題も出てくることから，症状に対する慎重なアセスメントおよびインフォームドコンセントが必須となる。
④嫌悪療法は，不適応行動を抑制しようとする技法であり，本技法により，不適応行動を抑制する一方，適応行動の形成を同時に行うことが重要である。

15. 過剰修正法

[技法の概要]

過剰修正法（overcorrection）は，破壊行動や攻撃行動を止めさせる技法として，フォックスとアズリン（Foxx & Azrin, 1972）によって開発された介入手続きです。この技法は，施設，学校そして家庭などで問題行動が見られた時に，関係職員や保護者によって適用されます。例えば，子どもがテーブルをひっくり返したり，床を汚したり，壁に落書きをしたとします。このような時に，子ども自身に，テーブルを元の状態に復させ，汚した床や壁の落書きを清掃させます。このような問題行動が生じるたびに元通りにさせます。これを**復元**(restitution)と言います。原状に戻すばかりでなく，それ以上に整理整頓し，きれいにさせるようにします。これを**積極訓練**(positive practice)と言います。過剰修正法は，この２つから成り立っています。はじめは，子どもはなかなか実行しようとしません。それでも根気強く説得し，後片づけ，掃除をするようにもっていくようにします。はじめは，少し手伝わせ，次第に自分でするようにもっていきます。問題行動が起こるたびにこれを実行し，消失するまで継続します。ここにも罰的な要素は含まれていますが，自分で起こした問題行動は，自分で処理し，原状以上によい状態に修復します。この修復過程で，周りの人は賞賛したり，トークンエコノミー法等で強化を行います。

具体的な例として次のようなものがあります。中程度の知的障害者のAさんは，ある施設に入所していました。彼女は自分の要求が適えられないような欲求不満状態になると，窓ガラス，牛乳瓶，そして体温計などのガラス類を割っていました。後片づけは，決まって職員が行っていました。注意しているにもかかわらず，このような問題行動は長期間継続していました。そこで，この過剰修正法を適用することになりました。Aさんと関係職員は，その進め方について話し合いを持ちました。Aさんはガラスを割ったら自分一人で後始末すること，職員はAさんが1人ですることを励まし，決して手伝わないで最後まで見守るという手続きを行いました。この手続きは，Aさんの問題行動が起こらなくなるまで続行することにしました。はじめの段階では，Aさんは変わらずガラスを割っていました。しかし，過剰修正法を導入することで，ガラスを割る回数が減少していき，1カ月後にはガラスを割る行動が消失しました。

この技法は，夜尿症，遺糞症，かんしゃく，**自己刺激行動**（self-stimulatory behavior）そして**自傷行為**（self-injurious behavior）などにも適用されています。

［適用上の留意点］

子どもに問題行動の後始末や整理整頓，さらには清掃などの課題を与えても自ら進んではしませんし，逃げることさえあります。これらの課題は子どもにとって大変な仕事ですが，熱心に説得し，励まし，徐々に実行させなければなりません。少しでも前進したら褒めるようにしましょう。過剰修正法を適用する過程で，周りの人たちは，問題行動そのものに注目しがちですが，これに注目しすぎるのではなく，子どもたちの行動が少しでも前進することに注目し，そこを強化していくことが重要です。

16. 習慣逆転法

［技法の概要］

習慣逆転法（habit reversal method）は，指しゃぶり，爪かみ，体ゆすり，頭振りなどの習癖そしてチック，それに抜毛症や皮膚むしり等の治療法として，1973年に，アズリンとナン（Azurin & Nunn, 1973）が発表した技法です。この技法は，基本的には2つの基本要素から成り立っています。それは**気づき訓練**（awareness training）と**拮抗反応訓練**（competing response training）です。

一般に，習癖などは自分では気づかず，知らず知らずに行っている行為が多いものです。この技法では，その行為を意識化し自分で観察させるようにします。いつ，どのような状況で生じているのか，どのような気持ちだったのかを振り返り，自分で書き出させるようにします。保護者や関係者は子どもの習慣的な行為を意識化させ，自己観察するように促していきます。このような自己観察自体が習癖やチックの軽減にもつながっていく場合があります。すなわち，その行為や症状をあるがままに受け入れて，意識化して自己観察を行います。ゆったりした状態で症状をただ観察させることを続けていると，子どもの習癖や症状は次第に軽減していきます。爪かみや抜毛の場合は，意識してそのような行為をしないままにしておく訓練にもなります。これは，セルフ・モニタリングやマインドフルネスと共通したところがあります。

一般には，気づき訓練を経て拮抗反応訓練に入ります。その症状もしくは行為とは相対立する動作を意図的に行う技法です。例えば，瞼をパチパチする眼瞼チックの場合は，瞼をしばらくの間強く閉じたままにさせておく，もしくは瞼を大きく開けたままにさせておきます。これを相互に繰り返すこともあります。このような動作をチック症状が軽減するまで毎日一定時間繰り返します。頭を振るチックであれば，首に力を入れて固着させます。音声チックは，口を強く閉じ，しばらくして深く呼吸しリラックスさせます。これを繰り返していきます。指しゃぶり，爪かみそして抜毛行為などは，その動作が起こりそうな時，また起こった直後にすばやく両手を使う動作（例えば，両手を膝の下で抱え込む）をさせます。この種の進め方は，個々人の事情や症状の程度で柔軟に対応します。この訓練の指導は，通常面接室で行いますが，日常生活において，クライエント自身が1人で行う場合もありますし，保護者や関係者の指導で行うこともあります。

［適用上の留意点］

最初の気づき訓練期は，ベースライン期にもなり，これからの拮抗反応訓練のための準備期でもあり，自己観察期にもなっています。しかも先にも指摘したように，ゆったりした状態で症状をあるがままに自己観察すること自体が，症状軽減につながる場合があります（Billings, 1978; Woods & Twohig, 2008）。したがって，このプロセスは急がず時間をかけることが大切です。

チックや習癖は注意や叱責ではなかなか軽減しないので，クライエントも保護者も半ば諦めていることもあります。したがって，この技法を適用するに当たっては，治療へのモチベーションを高めることが必要になります。しかも，セラピーには一定の期間を要するので，途中で投げださないことが重要です。そのためには，家族の持続的な協力が欠かせません。しかも，子どもの場合，保護者がセラピストの代わりになるので，積極的な関わりが求められます

家族や周りの人たちは，困ったクセに注意を向けがちですが，大切なことは，チックや習癖をしないことに積極的に注目することです。そのためには，オペラント強化を導入して，この訓練をバックアップするのも効果を一段と促進する手段となるでしょう。例えば，その日に習癖がなかったら，価値ある強化（例えばお小遣いなど）を与えるとか，トークンエコノミー法を導入するのもいいでしょう。

17. エクスポージャー法

［技法の概要］

エクスポージャー法（exposure therapy）は，数ある行動療法の技法の中でも中心的な技法です。これは，全般性不安症，恐怖症，強迫症，パニック症，心的外傷後ストレス症（PTSD）というような不安症の治療に広く適用されています。この種の不安症を克服するには，不安刺激場面から回避せず，それに直接的または間接的に直面していくことが必要不可欠です。このような方法は，他の心理療法にない治療であり，行動療法の特徴をよく示しています。その刺激対象は，人，動物，昆虫，出来事，場所，物体，感覚等を含みます。エクスポージャー法は，段階的に徐々に不安刺激対象に曝していく**段階的エクスポージャー法**（graduated exposure）と不安刺激対象に集中的にしかも長期に曝す**持続エクスポージャー法**（intensive/prolonged exposure）があります。後者を**フラッディング法**（flooding）という場合もあります。さらに，それは**実際の現物に直接曝していく方法**（in vivo / real-life method）と**イメージで間接的に曝していく方法**（imaginal method）に分けられます。子

どもの場合は，現実場面に段階的に曝していく段階的エクスポージャー法が一般的ですが，事例によっては種々の技法を用います。

［技法の種類］

(1) 段階的現実エクスポージャー法（graduated real-life exposure）

現実の場面で段階を踏んで不安刺激対象に曝していく方法で，不安水準の低い段階から高い段階へと順次進めていきます。**現実脱感作法**（in vivo desensitization）ともいわれています。例えば，不登校の治療においては，「はじめは家で服を着る」→「校門まで行く」→「教室の入り口に立つ」→「教室に着席する」→「授業を受ける」というように，段階的に学校状況に接近していきます。不登校児にとっては，教室は強い不安を喚起する場面です。しかし，そのような不安場面を避けていては再登校することが困難になります。学校場面に直面することでしか不登校を克服できないことを，不登校児自身も保護者も認識しなければなりません。エクスポージャー法は，保護者や関係者の協力が必要不可欠です。不登校児を励まし，登校を促し，粘り強く，徐々に学校場面に接近させていくことで，再登校へともっていきます。

(2) 持続的現実エクスポージャー法（intensive real-life exposure）

段階的エクスポージャー法と正反対で，不安水準の最も高い刺激に集中的に，しかも長時間にわたって直面させる方法です。例えば，学校を回避し家にひきこもっている不登校児の場合であれば，直接教室に連れていくというアプローチになります。登校に強く抵抗する子どもに対して，登校を説得し，学校へ連れ出すことは極めて骨の折れることですが，保護者は子どもを自家用車などに乗せて学校に向かわせます。登校後は不登校児を直接教室に入れ，そこに留まらせます。毎朝，家にいることを阻止し，どんなことをしてでも学校へ連れて行き，教室に入らせ長く留まらせます。子どもにとっては，大変な苦痛を体験するため，保護者も相当の覚悟と注意を要します。この方法を一度開始したら，子どもが自ら登校するまで継続する必要があります。

(3) 段階的イメージエクスポージャー法（gradated imaginal exposure）

行動療法の先導者のウォルピ（Wolpe, 1958）は，行動療法の技法として**系統的脱感作法**（systematic desensitization）を開発しました。不安場面をイメージし，不安の低いイメージから段階的に慣れさせていく方法です。この技法は初期の行動療法で頻繁に用いられ，優れた成果をあげました。現在の段階的イメージエクスポージャー法の先駆けとなっています。

18. 問題解決療法

[技法の概要]

私たちは，誰しも実生活でいろいろな問題に直面します。それは，日常の些細なことから人生を左右するほどの重要な問題まで多種多様です。自分自身が直面する問題ばかりでなく，その本人以外の人の問題もあります。それらについて意志決定をして，解決していかなければなりません。そのような問題を専門家に相談して，解決していく技法が**問題解決療法**（problem solving therapy）です。専門家のセラピストは，クライエントと協同して，または関係者が一堂に会して次のような順序で進めていきます。

①問題の所在の明確化
②問題点の明確化

③目標の設定

④種々の解決法の検討

⑤実行可能な最良の解決法の選択

⑥目標に向けての実行

⑦目標効果の評価

第1段階：問題の所在の明確化

その問題は，どのような状況で，どのような人間関係の中で生じたのか。その文脈，背景に関心を向けます。そして，クライエントはその問題をどのように認識しているのかをみていきます。すなわち，その問題を否定的に捉えているのか，または，何とか解決できるのではないかと肯定的に捉えようとしているかもみていきます。そこから解決の道を見出していくことになります。

第2段階：問題点の明確化

ここでは，問題点を拾い上げ，整理して分類してみます。このようにすると，問題点が浮かび上がってきて，解決の道筋がある程度わかってきます。もちろん，ここでの問題点の見方，捉え方は行動論的に理解することになります。例えば，「今の悩みは関係づけ理論に基づいた思考のとらわれから来ているのではないか」や「今の問題行動は学習理論に基づいた回避行動から来ているのではないか」といったようにみていきます。

第3段階：目標の設定

解決すべき目標が1つとは限りません。いくつかある場合もあります。その場合は優先順位を決めて，目標設定を行っていきます。

第4段階：種々の解決法の検討

これまでの段階でも，クライエントとセラピストは十分に話し合いをもつ必要がありますが，ここでは，特にその解決法についてお互いに意見を出し合うことになります。何も制限を加えずに，ブレーンストーミング形式でさまざまな解決法を出し合っていきます。そうすることによって，クライエントも参加した気持ちになり，セラピストをはじめ，他の参加者が自分の問題解決のために積極的に協力していると実感し，前向きに解決する方向に進んでいきます。また，行動論的技法を用いた解決の進め方についても検討することになります。段階的に進めていく場合のシェイピング，セラピストとともに進めるモデリング，恐怖対象を克服する場合はエクスポージャーなどが適用されます。

第5段階：実行可能な最良の解決法の選択

前の段階で出された種々の解決法の中から，有効性が高く現実的に実現可能な方法を選択します。

第6段階：目標に向けての実行

選択された解決方法を実際に目標に向けて実践する段階です。クライエント自ら実践に移すことが何よりも大切なことです。実践なくして解決はあり得ないのです。関係者はその実現のためにクライエントに協力する態勢を取ります。少しでも前進したら，強化を与えていくことになります。目標が達成できるまで続けるようにします。

第7段階：目標効果の評価

選択された解決法で目標を達成できることが最も望ましいことです。また，効果を判定することも非常に重要です。選択した方法でなかなかうまくいかなかった場合は，どこに問題があったのかを検討しなければなりません。実現できなかったら，他の方法を選択する必要があります。

そのまま放置せず別の解決法を選択しなければなりません。

19. うつ病に対する行動活性化療法

［技法の概要］

うつ病の心理療法としては，認知療法，認知行動療法そして対人関係療法があり，それぞれ成果をあげてきました。**行動活性化療法**（behavioral activation therapy）は，同じくうつ病の治療法として1970年代に米国のレウィンソン（Lewinsohn, P. M.）らが発表したのが，その始まりといわれています。この治療法は明確に行動論の立場から出発しています。うつ病の発症は，強化の消失や低比率強化の条件によって誘発され，また嫌悪刺激（諸々のストレッサー，失望，拒否，無視，屈辱などの内的体験）が関与して，そこからの回避としてうつ病行動をとるという前提に立っています。そこには，負の強化機制が働いています。したがって，うつ病の治療は行動に焦点を当て，行動を始発させながら，それに強化を随伴させて段階的に行動を活性化していくという方法で行われます。そのような過程で，クライエントは達成感や快感を経験することが大切です。この技法は単純で簡易であり，比較的短期間で成果をみることができます。しかもうつ病を抱えている家族や関係者も，うつ病の改善に関わっていくことができます。

行動活性化療法は次のような順序で進められます。

(1) 活動観察と記録表の作成

うつ病の日常生活全般の活動状態を把握し，行動と言語活動（人間関係を含む）に分けて書き出します。行動は，「1日のうちでベッドに寝ている」「トイレだけに行く」「部屋の中を歩く」「散歩する」といった形で記録します。言語関係を含む人間関係は，「誰と接触したか」「そこではどの程度の会話があったか」「誰とも話さなかった」「簡単な会話はあった」というように記録します。その時の気分の程度も記しておきます。

(2) 活動計画と活動階層表の作成

上記の活動観察に基づいて**活動階層表**（activity hierarchy）を作成します。それは，行動と言語を含む人間関係活動を中心にして，はじめはクライエントが実行可能な簡単で易しい事項から，次第に行動範囲と人間関係活動を広げていくように作成します。そこでは，クライエントが**達成感**（mastery）を味わい，**喜び**（pleasure）を実感できるように工夫することが大切です。周りの人たちは，このような活動に関心を示し，クライエントに言語的賞賛やトークンを与えるなどの報酬を随伴させます。

(3) 活動階層表の実践

この段階では，行動と人間関係活動を実践に移していきます。クライエントは自ら行動を起こしていきます。クライエントの状態は個々によって違うので，その人の状態に合わせて実践していきます。クライエントの現在の状態を把握して，その現段階から出発して，段階的に広げていきます。個人によって進度が異なるため，活動の進め方も拡大もその人に合うように工夫しましょう。また，そのような活動に報酬を随伴させ，実際にクライエントが達成感と喜びが持てるようにすることが大切です。

[技法の適用]

行動活性化療法には，下記のような種々の技法がありますが，大体はパッケージとしていくつかの技法を組み合せて用います。

(1) シェイピング

一般的には，新しい行動を形成する場合に適用される技法ですが，うつ病の場合は，そのような行動をすでに持っていて，現実社会で発現していない時に，目標に向かってその行動を段階的に形成していきます。その過程で，その人に適合した強化を随伴させていきます。挨拶，会話そして閉じこもっている行動などがその対象になります。

(2) 随伴性管理（contingency management）

この技法では，うつ病行動とは反対の行動（健康行動）には強化を与え，一連のうつ病行動に強化を与えない関わり方を行います。私たちは，はじめは日常生活において，うつ病者が示す行動に対しては関心を示し同情してしまいます。これらの関わり方は，うつ病行動に強化を与えることになり，うつ病を持続させることを知っておかなければなりません。しかも，なかなか改善の方向に向かわないと，そのうちに家族や周りはクライエントを無視してしまうことになります。これがうつ病の持続メカニズムであることを理解しておく必要があります。したがって，うつ病者のうつ病行動に対しては決して強化を与えず，健康行動に対しては，関心を示し強化していくことが肝要です。これが随伴性管理ということになります。

(3) スキル訓練（skills training）

うつ病の人の中には，かねてから対人関係をスムーズに進めることが苦手な人がいます。うつ病になると，それが顕著になっていきます。そこで，人との交わりを段階的に高めていきます。その訓練については，集団では社会的スキル訓練や**コミュニケーションスキル訓練**（communication skills training）で行っていきます。個人的には，**ロールプレイング**（role playing）や**自己主張訓練**（assertion training）を適用する場合もあります。いずれも，訓練で適切な対人関係を学習していくことになります。

(4) 互恵的行動契約（reciprocal behavioral contract）

一般に，人間関係は相手に強化（恵み）を与えると，相手からも同じ程度の強化が返ってくる相互作用の関係にあります。これを心理学では**互恵性の原理**（principle of reciprocity）と言っています。この原理をうつ病治療に適用します。クライエントが，周りの人に働きかけると，周りの人はそれに応じるようにします。ここに事前に行動契約を結んでおきます。特に行動契約を結んでいなくとも，互恵性の原理で関係性は発展していきます。そのような積み重ねが治療につながっていくのです。

［適用上の留意点］

うつ病に行動活性化療法を適用する場合，次の3つの点に留意しておく必要があります。

①行動論の観点から見ると，うつ病は現実社会からの逃避機制があり，回避行動として種々の行動（症状）を示していることになる。うつ病に行動活性化療法を適用する時は，このことを念頭に置いておかなければならない。

②うつ病には，ほとんど家に閉じこもっている重度のうつ病から，うつ症状があっても仕事に出かけている軽度のうつ病までその幅は広い。行動活性化療法を適用する時は，その人の症状，行動パターンなどを調べ，どこからスタートするか，その人にとってどこに価値を置いているのかなどを個別的に踏まえていることが大切である。決して機械的に一様に適用してはならない。

③うつ病が行動活性化療法で改善された後でも，その状態が維持されることが何よりも大切である。その後の日常生活においてこれを生かしていくことが，さらに改善を維持し再発の予防にもつながっていく。

20. ペアレントトレーニング

［技法の概要］

ペアレントトレーニング（parent training）は，**親マネージメント訓練**（parent management training）または**行動論的親訓練**（behavioral parent training）ともいわれています。これは，問題行動をもつ子どもに対して，セラピストが直接行動療法を適用するのでなく，親が行動療法を自己学習し，もしくは行動療法の基本的な技法を学んで，子どもの問題行動を改善していく方法です。すなわち，親に対して行動療法の理論や技法を教示して，親を**コ・セラピスト**（co-therapist）にして子どもを治療していくことになります。これは，家庭だけでなく，学校や児童施設などでも行うことができます。そのような時は，学校では学級担任や養護教諭，施設では児童指導員などがそれを担当することになります。最近の子どもの問題行動の改善には，このような方法を用いる傾向が多くなってきました。

ここでは種々の行動療法の技法が用いられますが，基本的には望ましい行動に報酬を随伴させるオペラント強化法を用います。その報酬には，社会的報酬や物的報酬そしてトークンなどを用います。望ましくない行動には，オペラント強化撤去法すなわち消去法を用います。一般的に子どもが望ましくない行動をすると，親は叱るとか罰を与えがちですが，子どもがそのような行動をとる場合に，そこにどのような強化がはたらいているかを考え，強化を与えないようにすることが重要です。親は注意してそれを見極めて強化を除去する方法をとり，同時に望ましい行動には積極的に強化をしていくことが大切になります。

親訓練としては，行動論の立場から子どもの問題行動の捉え方，行動療法の技法の適用方法などについて，親に心理教育を行い，実際にロールプレイなどを通して訓練します。発達障害などを対象にする場合は，

5～6名の親を対象に集団訓練で進めることもできます。私たちは個別的に，不登校，夜尿症，昼間遺尿症，遺糞症，抜毛症などを対象に親訓練で成果を上げてきました。具体的な進め方については，臨床例を参考にしてください。

コ・セラピスト（co-therapist）としての親訓練の利点

子どもの問題行動の大部分は，その子どもを取り巻く環境との関係で生じています。特に親との関わりの中で生じていることが多いものです。そこでの人的環境が，その問題行動に大きく関わっていることを親は認識しなければなりません。このような点からみても，家庭という環境の中で，親がコ・セラピストになり，子どもの問題行動の改善に積極的に関わることは，最も理にかなっていることになります。ペアレントトレーニングによって改善された問題行動は再発しにくく，たとえ再発しても親が直接行動療法的アプローチを行うことで改善できます。しかも，費用と時間がほとんどかかりません。

21. バイオフィードバック法

[技法の概要]

私たちは，自己の生体内の反応について直接知覚することは多くの場合困難です。1つの簡単な例として，自分自身で筋弛緩の訓練をすることを考えてみましょう。その際，筋弛緩を試みてもはたしてどの程度筋の弛緩ができているのか，自分ではっきりととらえることはなかなか難しいと思います。しかし，このような場合に筋の緊張度を筋電図のように電気生理学的方法でとらえ，ある一定以上の緊張がある場合，それが「カチカチ」というクリック音で知らされれば，私たちは，自己の筋の弛緩状態を容易に知覚できるでしょう。つまり，直接知覚することの難しい自己の生体内の**生理的状態**（bio）も，それがいま述べたように聴覚刺激や視覚刺激などのような知覚しやすい客観的な刺激に置き換えられて知らされると，私たちは自己の生理的反応の動きを容易にとらえることができます。直接とらえにくい自己の生理的変化を知覚しやすい客観的な情報(刺激)に置き換え，その客観的な情報を手がかりにしながら，自分自身で自己の種々の生理的反応を随意的にコントロールすることを習得する方法が開発されてきています。これが**バイオフィードバック法**（biofeedback）です。このバイオフィードバック法は心身症の治療や予防に適用されています。

ブジンスキー（Budzynski, et al., 1970）らは，緊張性の頭痛患者において，筋電図によるバイオフィードバック法で患者の前頭部の筋緊張状態をクリック音で知らせ，患者はこれを手がかりに，自分で自己の筋のリラクゼーション法を習得することで，緊張性頭痛の治療に成功しています。その他にも**書痙**（writer's cramp）の治療においても筋電図のバイオフィードバック法が利用されています。その場合，患者の書字の際に筋のリラクゼーションを習得させながら，易しい文字から段階的に難しい文字へと訓練していきます。

参考文献

Azrin, N. H., & Nunn, R. G.（1973）. Habit-reversal: A method of eliminating nervous habits and tics. *Behaviour Research and Therapy, 11*（4）, 619–628.

Ayllon, T., & Azrin, N.（1968）. *The token economy: A motivational system for therapy and rehabilitation.* Appleton-Century-Crofts.

Billings, A.（1978）. Self-monitoring in the treatment of tics: A single-subject analysis. *Journal of Behavior Therapy and Experimental Psychiatry, 9,* 339–342.

Budzynski, T., Stoyva, J., & Adler, C.（1970）. Feedback-induced muscle relaxation: Application to tension headache. *Journal of Behavior Therapy and Experimental Psychiatry, 1*（3）, 205–211.

Cautela, J. R.（1967）. Covert sensitization. *Psychological Reports, 20*（2）, 459–468.

Foxx, R. M., & Azrin, N. H. (1972). Restitution: A method of eliminating aggressive-disruptive behavior of retarded and brain damaged patients. *Behaviour Research and Therapy, 10* (1), 15–27.

Isaacs, W., Thomas, J., & Goldiamond, I. (1960). Application of operant conditioning to reinstate verbal behavior in psychotics. *Journal of Speech and Hearing Disorders, 25*, 8–12.

Jones, M. C. (1924). The elimination of children's fears. *Journal of Experimental Psychology, 7* (5), 382–390.

O'Connor, R. D. (1969). Modification of social withdrawal through symbolic modeling. *Journal of Applied Behavior Analysis, 2* (1), 15–22.

Stuart, R. B. (1971). Behavioral contracting within the families of delinquents. *Journal of Behavior Therapy and Experimental Psychiatry, 2* (1), 1–11.

Woods, D. W., & Twohig, M. P. (2008). *Trichotillomania: An ACT-enhanced behavior therapy approach workbook.* Oxford University Press.

第6章

行動療法による臨床

1. 抜毛症

［概要］

抜毛症（hair-pulling disorder or trichotillomania）は，19世紀末にフランスの皮膚科医のハロポー（Hallopeau, M.）によってはじめて記載されたといわれています。これは体毛を繰り返し引き抜く行為で，抜毛部位は頭髪が多く，時にまゆ毛やまつ毛も抜くこともあります。抜毛症は，「強迫症および関連症群」に分類されています（DSM-5）。有病率は0.5％前後といわれ，子どもから成人まで，どの年代でも見られます。男女の比率は，子どもの男女比は半々といわれていますが，成人では女性が多くなります。

一般に，抜毛症は2つに分類されます。1つは，意識しない抜毛行為です。これを**自動抜毛**（automatic pulling）といい，もう1つは，ストレスや緊張を解消するために意識した抜毛行為です。これを**焦点化抜毛**（focused pulling）といっています。前者が約70％の多くを占めていますが，2つが混合している場合もあります。

抜毛症の治療は，薬物療法や心理療法が試みられていますが，十分な成果を上げられず治療に難渋してきました。しかも，ある程度頭髪が伸びてきたとしても，再発を繰り返す場合がよくあります。そのような中で，行動療法が成果を上げてきています。抜毛症に用いる技法としては，オペラント強化法，習慣逆転法，刺激制御法，自己観察法そしてリラクゼーション法などがあります。最近では，新しい心理療法としてのACT 等の技法を組み合わせて抜毛症の行動療法を行っています。

[治療プロセス]

子どもの抜毛症における治療プロセスを見ていきます。まず，行動分析に従って，D（Drive，動因）－A（Antecedents，先行刺激）－B（Behavior，行動）－C（Consequence，結果）を確認します。D では抜毛行為をしないように動機づけ（動因）を高める環境操作（確立操作）をします。例えば，その日に抜毛行為をしなかった時は，保護者は価値の高い強化子（お金等）を与えます。また，トークンエコノミー法を用いて，その子どもが最も望んでいる物や，イベントに参加できるようなバックアップ強化子を設定しておきます。A ではその子どもを取り巻く環境で，抜毛が生じにくい環境を作るようにします。例えば，できるかぎりストレス場面をつくらない。独りでいる場面を少なくする。帽子を被って抜毛ができないようにします（まさに防止）。これらが刺激制御法です。B は抜毛しない行動または抜毛できない行動です。抜毛行為に対する気づきを高め，抜毛行為が起ころうとした時に，すかさず抜毛行為ができないように，それと相対立する行動を取らせるようにします。例えば，両手を大腿部で押える，両手を使った遊び，作業（お掃除など），運動などをさせるようにします。これは習慣逆転法と呼ばれる技法です。

また，ACT の治療法にみるように，年齢が高い抜毛症に対しては，抜毛衝動に気づき，抜毛したくとも抜毛しない行動に曝しておきます。C では，その日に抜毛行為がなかったら報酬を与えます。これはオペラント強化法という技法です。一般的には，トークンエコノミー法を導入します。具体的には，その日に抜毛がなかったらカレンダー等に◯をつけ，家族みんなで喜び合います。逆に抜毛があったら×をします。○が一定数貯まったら，子どもが一番欲しかった品物と交換します。最近では，即時強化としてその日にお金を与えたりすることもあります。このオペラント強化法は，動機づけの低い子どもに効果があります。またトークンエコノミー法は，子どもに喜びを与えながら治療する方法としてよく用いられています。

事例　小学校３年生女子

小学校３年生の女子Ｍさんは約１年前から頭髪を抜毛していました。家族構成は両親と妹の４人家族です。乳幼児期は父方の祖父母と同居していました。その頃，祖母と母親は折り合いが悪く，母親は悩みを抱えながら子育てをしていましたが，Ｍさんの抜毛が始まったので，一人息子の父親と祖父母が話し合って祖父母の家を出ることにしました。これで抜毛もなくなると期待しましたが，それでも抜毛は続きました。母親の嫁姑間の葛藤を抱えながらの子育てがＭさんに影響したのではないかと思われました。抜毛行為には，感情問題があるといわれています。すなわち，母親の悩みながらの子育ては，Ｍさんにとっては，不安と満たされない気持ち，そして寂しさとして内在化したのではないかと思われました。この乳幼児期の体験から抜け出す手段として，抜毛行為に走ったのではないかと考えられました。

Ｍさんは月に２回程度相談室を訪れ，そこで家や学校での生活，抜毛状態について話し合いが持たれました。Ｍさんは心理教育を受け，頭髪の写真を撮ることにしました。治療初期には抜毛行為が続いたので，抜毛行為が少しでも軽減したら20円を貯金箱に入れることにしました。治療中期に全く抜毛行為がない日があった時は

50円を貯金箱に入れ，家族みんなで喜び合いました。クリスマスツリーを絵にして，50円の時はお飾りをつけ，20円の時は小さなお飾りをつけました。抜毛行為がない日が増え，頭髪も次第に伸びていきました。治療後期には，順調に髪の毛が伸びて，約6カ月後には，約束してあったアイドルのグッズを手に入れることができました。

2. 遺尿症

［概要］

遺尿症（enuresis）は，一般に幼少時から続けて夜尿がみられるものを**一次性夜尿症**（primary nocturnal enuresis）と言い，いったんは排尿行為が自律していた子どもが何らかのきっかけで再び夜尿症が見られるようになったものを**二次性夜尿症**（secondary nocturnal enuresis）といっています。それらの治療法は，基本的には同じ方法で進められます。行動療法の立場からみると，夜尿症治療の歴史は古く，1930年代に条件反射の原理を応用したブザー装置による治療が行われました（Mowrer & Mowrer, 1938）。同じような治療器は現在でも使用されています。

オペラント条件づけを応用した治療法もあります。例えば，お金を強化子として，夜尿がなかった朝には，すかさずお金を子どもに与えるといった方法です。この方法では，強化子となるお金の額を中学生には500円，小学生には200円などとあらかじめ決めておきます。

アズリンら（Azrin et al., 1974）は，次のような方法で治療を行っています。

(1) オペラント強化法

①夜尿症がなかった朝は家族皆で賞賛する。

②夜尿があっても決して非難や叱責をしない。

(2) トークンエコノミー法の導入

①夜尿のなかった朝はカレンダーにシールを貼る。

②シールが一定数続いたら，例えば成功の日が2週間続いたところで，子どもが欲しがっているもの（例えば，ゲーム機や自転車など）と交換するように約束しておく。

(3) 過剰修正法の適用

①濡れた下着は自分で始末しきれいなものと取り替える清潔訓練を行う。

- 低年齢の子どもであれば下着を洗濯場へ持って行き，きれいな下着に自分で着替える。
- 小・中学生であれば濡れた下着を自分で洗って干し，きれいな下着に着替え，きれいな敷布に自分で取り替える。

②積極訓練を行う（正しくトイレに行く訓練）。

- 子どもがお漏らしをしたその日の夜には，休む前にベッドに寝た状態で50数えて，20回正しくトイレに行く訓練を行う（年齢の低い子どもは20数えて10回トイレに行くことを繰り返す）。
- お漏らしがなかった朝はこれらの訓練は免除され，保護者をはじめ家族皆で褒める。
- 治療手続きはすべて家庭で行う。

昼間遺尿症

昼間遺尿症の治療はオペラント原理に基づく次のような方法で行います。

(1) 家庭と学校での心理教育

①遺尿があっても決して非難や叱責をしない。

②遺尿がなかったら家庭でも学校でも褒める。

(2) トークンエコノミー法の導入

①保護者と先生は一定の時間ごとに下着をチェックする。

②濡れていなければ前もって準備したトークンエコノミー表にチェックしてシールを貼る。

③子どもの排尿状態によってチェック時間を設定し，できるだけシールが増えるように工夫しながら，治療が進むにつれてその時間を段階的に延ばしていく。

④シールが貼られるごとに褒める。

⑤トークンエコノミー表に連続してシールが貼られていく段階で，成功日が増え，「もう大丈夫」と判断された時に，前もって決めていた子どもが最も欲しがっていたもの（例えば，ゲーム機や自転車など）と交換する。

(3) 過剰修正法

①濡れた下着は自分で始末し新しい下着に自分で着替える。

・上級生は自分で洗濯する。

・下級生は後始末を自分でできるところはやる。

昼間遺尿症の治療は２～３カ月以上はかかるので，根気強く続けることが肝要です。

3. 遺糞症

［概要］

遺糞症（encopresis）は4歳前後になっても不随意的に下着を便で汚す，または意図的に不適切な場所に脱糞する状態です。しかも，それらの行為を反復的に繰り返します。彼らに明らかな器質的疾患は見当たりませんし，軽度の知的障害はあっても重度の知的障害はありません。遺糞症の出現率は，1％前後といわれています。男児に多く，男女比は3対1ともいわれています。この遺糞症には，幼児期から引き続き見られる一次性遺糞症と，いったん排便自立がなされた後に再びみられる二次性遺糞症がありますが，次のように分類することで治療上の手がかりを得ることができます。

①トイレット訓練不足型：最初のトイレット訓練が適切になされなかったために生じている遺糞症
②便秘型：便秘による貯留を伴う遺糞症（この型が最も多い）
③心理的ストレス型：排便自立後の心理的ストレスによる不適切な排泄の遺糞症
④環境操作型：環境を操作するために意図的に脱糞する遺糞症

トイレット訓練不足による遺糞症

事例1　軽度の知的障害（IQ＝67）をもつ小学校2年の男児

I君は幼少時，母親が病気で入院したため，父親の手で育てられ適切な排尿排便がなされないまま4歳ごろまでオムツをしていました。心身の発達に遅れが見られ，歩行できるようになったのは3歳半ごろでした。小学2年になっても，ときどき便をもらし続けていました。母親の療養中は本児は父親と生活していました。

事例２ 知的に高い（IQ＝129）小学校１年の女児

Ｊさんは，幼少時からお漏らしが続いており，多い時は１日に６～７回も下着を汚していました。母親は，Ｊさんを別に住んでいた年老いた祖母に預けたままで，外の仕事に出ていました。祖母はオムツの交換もあまりしないで，そのままにしていました。母親は，Ｊさんに会うのは１週間に１回程度でした。Ｊさんが３歳になって母親が引きとりましたが，その時もお漏らしは続いていました。５歳になり，保育園に通い出しましたが，バスの中や教室で，他の園児から「くさい」と言われ，Ｊさんは保育園をやめました。**ヒルシュスプルング病**（Hirschsprung disease）が疑われ，手術も受けましたが効果はありませんでした。小学校に入学しても遺糞は続いていました。

便秘症による貯留を伴う遺糞症

事例３ 知的に高い（IQ＝110）４歳の男児

Ｋ君は約半年前からトイレに行かず，パンツを汚すようになりました。以前から便秘傾向があり，２日に１回程度排便していました。便は固く血が付着していることもありました。次第にトイレに行くのを嫌うようになり，この頃から遺糞症が見られるようになりました。この種の遺糞症は，排便時の痛みや怖いトイレ，慣れないトイレを我慢しているうちに始まる場合もあります。

心理的ストレスによる遺糞症

事例4　知的に高い（IQ＝116）小学校1年の男児

L君は給食で偏食があり，給食はすべて食べるように先生に強く指示され，残すとグラウンドで遊ぶことを止められました。その頃から下痢症状がみられ，続いて遺糞症となりました。この遺糞症には強制給食に対する反抗もあるように思えました（環境操作型と合併）。

環境操作による遺糞症

事例5　小学校3年の男児（IQ＝94）

M君は3歳時には，排尿排便の習慣は確立していましたが，小学校に入学して時々パンツを便で汚すようになりました。それが小学校3年になっても続いていました。小学校1，2年次は，母親は勤めに出ていましたが，遺糞が続くので勤めを辞めて家にいることにしました。ところが，遺糞症がおさまるどころか，その頻度が高くなりました。遺糞することで母親の関心を求めていたものと思われます。

[治療の留意点]

上記の5つの事例で示したように，遺糞症にはいろいろなタイプがあります。しかし，タイプを考慮しながらも，基本的にはオペラント学習を適用します。遺糞症の治療においては，保護者や担任の先生が治療協力者として積極的な役割を担います。治療は次のようなことを留意しながら進めていきます。

⑴ 遺糞に対しては，叱責，非難，注意そして干渉をやめ世話もできるだけ控える

これらを中止することで，事例５のように遺糞を強化しないことにもなり，事例1，２にみるように罰を除去することにもなります。すなわち消去手続きをとることになります。

⑵ 遺糞のないことに注目しそれを大いに賞賛する

遺糞症の親は，遺糞に対しては関心を向け，たまたま遺糞がなかったとしても，そのことにそれほど関心を示さない傾向があります。親は遺糞症のなかったことに大いに関心をむけ，「遺糞のない」という望ましい行動を強化するのです。

⑶ 適切な排便行為に対して特別に賞賛する

遺糞症の治療の目標は，パンツを汚さないでトイレで適切に排便することです。適切な排便行為は大いに賞賛し，皆で褒めます。

⑷ 具体的な介入法としてトークンエコノミー法を導入する

個々人で異なりますが，一定の時間ごとにパンツをチェックし，遺糞がなければ○をつけ，大いに褒めます。この時遺糞があれば×をします。適切な排便行為の時は◎をつけ，最大級に褒めます。◎と○の数で，大きなご褒美と交換する約束をしておきます。

⑸ 汚した下着は子ども自身が洗う

遺糞をやめるための清潔訓練をします。汚した衣服を自分で洗うことで，遺糞治療の自覚が高まります。

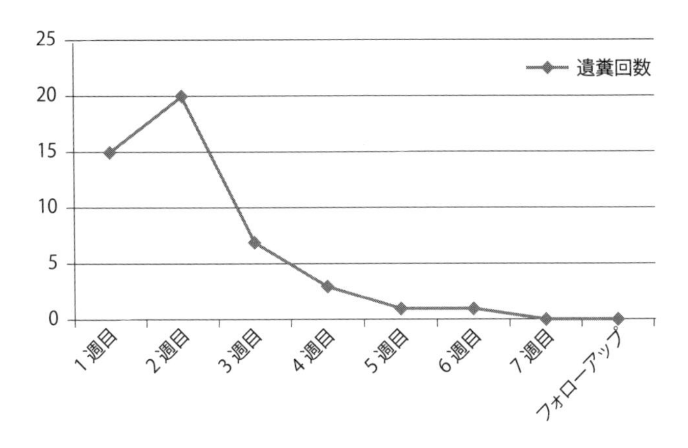

図1　介入過程における週ごとの遺糞回数の推移

(6) 事例によっては座薬を用いて排便訓練を行う

事例1，2にみるように，遺糞を意識しない場合があり，座薬を使って排便行為を意識させ，適切な排便行為を訓練します。そして適切な排便行為を賞賛する機会をつくります。

事例2の介入

(1) 介入の過程と結果

相談室を訪れたＪさんと母親，特に母親に対して，これからの介入のすすめ方の行動論的治療法の心理教育が行われました。その後，親子は1～2週間に1回の割合で相談室を訪れ，その間の遺糞状態についての記録に基づき，話し合いがもたれました（図1)。具体的には，はじめに家庭で母親による1時間ごとの下着のチェックが行われ，お漏らしがなければシールを貼りパンツを汚していれば×を星取り表に書き込むことにしました。母親はシールに注目して，遺糞のなかったことを賞賛しました。2週間後からは，チェック時間を2時間に延ばすことにしました。そして，その間，時々緩下剤の座薬を用いて，排便の訓練を行いました。適切な排便行動には，特に◎で賞賛しました。次第に遺糞症状は減少していったので，登校することにしました。学校では担任の協力を得て，下着のチェックが行われました。その後，Jさんはパンツを汚すことはほとんどなくなり，7週目で治療は終結しました。Jさんには遺糞症を克服した努力賞として，母親から「素敵なおもちゃ」がプレゼントされました。

(2) Jさんの母親の日記からの抜粋

X年2月18日：今日から1時間ごとにパンツをチェックして，下着を汚していなければ，親子できれいなシールを貼ることにした。

X年2月24日：トイレに行こうとしない。このところ1日に2～4回は漏らしている。

X年2月25日：朝食後，お漏らしがあったのでトイレに行かせたが，排便はなかった。1時間ごとのパンツのチェックは行っており，漏らしていなければシールを貼り，親子で喜んだ。

X年2月27日：朝，緩下剤の座薬を使った。すこしお漏らしがあったが，その後，はじめて便器に排便した。花丸をつけ，母親は大喜びした。子どももとても喜んだ。

X年3月5日：学校に連絡して，今日から登校することとなった。担任の先生がチェックしてシールが貼られた。一日中お漏らしはなかった。

X年3月11日：夜にたくさんの便を漏らしたので，子どもは下着を洗濯した。

X年3月13日：午後，座薬を使い，便器に座らせたところ，「お母さん出た」と叫び，大喜びした。

X年3月20日：今日からチェック時間を2時間に延ばした。

X年3月22日：座薬を使った後，「便が出そうな時は，便器にすわりなさいね」と言っていたら，いつの間にか便器に座ってたくさんの便をしていました。花丸をつけた。だんだん排便感がわかるようになったようだ。

X年4月1日：はじめてトイレで排便した。花丸を貼った。

X年4月2日：トイレでたくさんの便が出た。「昨日くるくる寿司をたくさん食べたから，今日はくるくる便がたくさんでたよ」と子どもは嬉しそうに話した。親子で一緒になって喜び合った。ここずっと失敗はなかった。トイレでの排便に自信が出てきたようだ。

(3) 事例2の介入過程についての考察

遺糞症は，腸の機能ないし調節の障害です。このような場合は行動療法を適用して，遺糞症状を段階的に減少させながら，適切な排便行動を形成する必要があります。そこでは，行動療法のオペラント技法の適用がもっとも望ましいものと思われます。そして，それを実現するために，次のような工夫が必要です。

①介入過程が楽しく希望が持てるようにする

遺糞したことに関心を示さず，遺糞のないことに注目して，それを積極的に褒めていき，子どもの好きなシールを貼ったりします。シールが貯まることに喜びが伴うようにし，最後は子どもが好きなプレゼントがもらえるようにします。

②即時強化の機会を多く作る

オペラント技法は，望ましい行動に報酬を随伴させることで，その行動を高めていく方法であり，その場合は，即時強化の機会を多く作ることが必要になります。この事例では，一定時間ごとにチェックして，遺糞のないことに○をして，適切な排便行動にはすぐさま

◎をするトークンエコノミー法を導入しました。

③自分の行動には責任を持つ態度をとらせる

本事例では，汚したパンツは自分で洗う清潔訓練を取り入れました。子どもに対して，自分の行動には，責任を持つ態度をとらせました。ここでは自覚を促す意図がありますが，同時に一種の罰の意味も含まれています。この治療法の特徴は，保護者や学校の先生が，治療協力者として積極的に参加したことです。クリニックには，2週間に1回程度母子が訪れて指導を受けました。もっぱら家庭を中心に母子が訓練に関わりました。この治療では，親子が一緒になって遺糞症を治していき，良好な経過をたどることで，喜びを共有しました。また，学校の先生も治療協力者になり，喜びを共有しました。子どもは，遺糞症の改善で自信と明るさを取り戻し，親子，兄弟，姉妹関係，さらには，友達関係も良好になり学業成績もアップしました。

4. 不登校

［概要］

不登校（school nonattendance）は**学校恐怖症**（school phobia），**登校拒否**（school refusal）また**不登校行動**（school nonattendance behavior）とも呼ばれています。学校に行けない，または行かない子どもたちが，ここ20数年増え続けています。下は幼稚園児から高校生までどの年代にも見られます。この子どもたちは，朝，たいてい頭痛や腹痛などの身体症状を訴えて登校を渋ります。高学年になると，布団を頭から被り，なかなか起きてきません。話しかけてもまったく返事をしません。登校を強く促すと，抵抗し，時には暴力を振るうこともあります。登校時刻が過ぎ，親が登校を諦めると，身体症状はおさまり，拒否行動も弱まります。毎朝，このような一連の行動を繰り返し，ずるずると不登校が続き，ひきこもりになっていきます。彼らの不登校のきっかけは，種々ありますが，長い間の休み明けであったり，転校後であったり，身体的病気で休んだ後に続けて休むなど，割とはっきりしている場合もあります。また，友達関係で仲間はずれ，孤立や対立，そしていじめがそのきっかけになる場合もあります。学業関係では，成績低下，宿題，競争に負けた，クラブ活動との両立ができないなど，学校生活での諸々のストレスがあります。しかし，学校状況にこれといった原因がない場合もあります。家庭状況に問題がある場合もあります。このような子どもたちは，たいていわがままが許され，どんな状況でも本人の言いなりにさせているので，何か問題が起きると不登校になる場合があります。「学校へ行かない」という重大な事柄が起きても，それを阻止できる力が家庭にないために，なかなか登校させられないのです。

以前は，学校恐怖症という名称が示すように，登校に対して情緒的混乱を示すのが一般的でしたが，最近では，親が強く登校を促さなくなったこともあって，拒否行動を外に出さなくなっています。また怠学傾向の子どもたちが増加しています。

不登校の機能分析

行動療法では，個々の不登校に対して，どのような先行刺激が関与しているのかを分析します。不登校は先行刺激である嫌悪刺激を取り除くことによる回避行動として生じていることを理解しなければなりません（負の強化）。さらに，回避行動に随伴して，どんな結果になったのか，そこには不安の軽減というような利益（強化）を得たのか，不登校の長期化には，外部からどんな強化が働いているのかを分析する必要があります。また，回避行動をすることで直近では不安の軽減や**安全確保行動**（safety seeking behavior）という強化を得ますが，長期には社会的不適応行動につながっていきます。すなわち，そこには学校からの回避行動があり，家に留まり，自由気ままな生活という強化が働いています。不登校には，「回避・強化機制」が働いて長期化しているのです。このような機能分析をした上で，不登校の子どもを学校復帰させるには，どんな技法を用いたらいいのかを考えていきます。

学校復帰へ向けての基本的な考え方

行動療法では，不登校になっている子どもを学校復帰させることを第1に考えています。できるだけ早い段階で学校復帰を目指しています。しかし，わが国では，保護者は学校復帰を望んでいるものの，「子ども自身が立ち上がるのを待ち見守る」という考え方が世の大勢を占めています。しかしながら，子どもたちは自ら立ち上がって不登校を克服することはなく，ほとんどの不登校児童は学校に復帰できていません。また，不登校の大部分は，長期化し，ひきこもり状態にもなっています。このようになっている子どもたちに対して，一般に行われているカウンセリングや低学年を対象にしたプレイセラピー等でも一向に成果は上がっていません。

これに対して，行動療法ではどのように学校復帰させているかについて話を進めていきます。基本的な考え方として，次の3つが挙げられます。

(1) 学校復帰を目標にする

不登校は不登校行動そのものと捉え，望ましい行動変容，すなわち学校復帰を直接の目標とします。

(2) 家庭を起点として支援を進める

保護者は，学校や関係機関に任せるのではなく，この人たちの協力を得て，協働・連携して支援を進めます。必要に応じて学校側や関係機関は訪問支援（アウトリーチ）を行います。保護者が主体的に動くことが肝要であり，特に父親には問題から逃げないようにしてもらいます。

(3) 学校場面に直面させるエクスポージャー法を用いる

エクスポージャー法には，段階的に行う方法と集中的に行う方法があります。前者は，学校へ段階的に無理なく接近させる方法で，後者は，学校刺激に一気に直面させる方法です。特に低学年の子どもに対しては，後者が効果的です。どちらの方法を適用するにしても，少しでも前進したら，オペラント強化を行います。強化子は社会的強化子である賞賛，または物的強化子を適切に用います。ケースによっては，トークンエコノミー法を組み合わせるとより効果が上がります。

分離不安と不登校（園）

保育園児や幼稚園児，そして低学年児の中には愛着を持っている人（多くの場合は母親）から離れることに強い不安を持つ子どもがいます。それが保育園や幼稚園，そして学校に行く時に表面化します。同じ**分離不安症**（separation anxiety disorder）でも，3つのタイプがあります。1つ目は，愛着過剰型です。このタイプは，母親が子どもの幼少時からどこへ行くにも一緒で離れることがない生活を継続すると，幼稚園や小学校への入園，入学する段階で母子が分離しなければならない時に分離不安が生じるというものです。2つ目は，愛着未充足型です。これは，幼少時から母親が不在がちだった子どもに，母親が帰ってくると，母親にまとわりつくような行動が生じるような例です。家で母親の姿がないと探し，トイレまでも追いかける行動などが見られます。このタイプは，母子間に安心感に基づく十分な愛着が満たされないまま育った子どもに見られます。3つ目は，母子信頼脅威（置き去り）型です。例えば，ある出来事がきっかけで，保護者が子どもよりも他の出来事の方に目を向け過ぎた結果，置き去りになった子どもが不安になり，分離不安が生じることです。例えば，ある家庭で父親が交通事故に巻き込まれ，母親はその事故処理に追われましたが，その時，子どもは完全に置き去りにされ，不安な状態になり，そこに分離不安症が生じました。それまで，子どもは順調に登園していましたが，この出来事以来，登園できなくなってしまいました。

このように種々の分離不安症であっても，登園・登校の進め方は，同じような方法で進めていきます。その基本的な進め方としては，母子間の「信頼と安心感」を根底に置き，子どもは，保護者に連れられて学校（園）へ向かいます。その後，保護者はすぐに子どもから離れないで，教室か学（園）内で一緒に過ごし，子どもの状態を見て段階的に離れていくような方法をとります。例えば，以下のような方法です。

①はじめに母親は教室で同席する。
②次に子どもから離れて子どもが見える廊下に立つ。
③数分間子どもから身を隠しその時間を段階的に延ばす。
④母親は教室から見える校庭に滞在し，そこからも身を隠しその時間を延長する。

このような支援が進むにつれ，保護者は送り迎えだけにして，最終的には子どもが母親なしで登園・登校するようにもっていきます。その進行過程においては，家庭も学校（園）もオペラント強化（花丸，褒める，ご褒美，トークンエコノミー）をします。この技法を入れ込むことは，子どもに喜びを与え自信にもつながります。

小学生と不登校

小学生の不登校はどのように対応したらいいでしょうか。一般的にいえることは，不登校の兆しがあっても安易に休ませないことです。子どもが腹痛や頭痛のような身体症状を訴える，また，表情を暗くして，のろのろした行動をして，登校したくない様相を示しても保護者はすぐさま欠席を容認しないことです。多くの保護者は，「学校で何かあったのではないか」「いじめを受けたのではないか」と思い，休ませてしまいます。しかし，登校時間が過ぎると，そのような様相がなくなるし，休みの日にもそのような様相がないので，いわゆる「不登校」を疑います。保護者としては心配になり，学校や相談機関，さらには医療機関に相談します。このような経過を経て休みが続き，不登校は長期化していくのです。小学生の場合は，解決できない事例はほとんどありません。いじめで不登校になったとよく言われますが，その数は多くありません。このような時は，学校側に相談してきちんと対応しなければなりません。いじめを口実に休む場合もあるので，この点にも留意しておく必要があります。小学生の不登校の場合は，前に指摘したように，安易に休ませないようにすることが重要です。

休んでしまった小学生に対しては，次のような方法で学校復帰させます。「学校復帰へ向けての基本的な考え方」で述べたように，子どもが不登校になったら，できるだけ早期に再登校の手段をとる必要があります。これまでとられてきた「本人が登校する気になるまで様子を見る」といった対応では，小学生の不登校でもたいてい長期化していきます。

休んでいるとゲーム機などで遊び，怠け的な様相を呈するようになります。このような学校回避行動はいつまでも続きます。この回避行動を阻止するために，どんな方法でもいいのでとにかく直接学校復帰に持っていく必要があります。休みが続くと，不登校の初期にみられた身体症状はたいてい消えています。登校を働きかけると拒否行動は再現するかもしれませんが，これを重大視せず，根気強く対応していきます。

学校復帰のプロセスにおいては，保護者が中心になって家から学校に直接連れていきます。保護者が協働して車で連れていくとよいでしょう。男児の場合は，父親の協力が効果を発揮します。支援は学校側と連携して進めていきます。学校側は万全の受け入れ体制を整えておく必要があります。事例によっては，訪問支援が必要な場合があります。最近の支援方法としては，チーム支援と訪問支援（アウトリーチ）が導入されています。不登校の学校復帰も，これらの方法を進んで活用することで成功する事例が増えてきました。

事例１　２カ月休んでいた小学校５年の男児Ａ君：父親が自家用車に乗せて学校へ向かい直接教室へ連れていき１日で登校するようになった事例

Ａ君は朝，身体症状を訴えて登校を渋るようになりました。保護者は心配して，精神科・心療内科を掲げているクリニックを受診し薬物治療を受けていました。しかし，Ａ君は一向に登校する気配がなく，母親が私たちのクリニックに本人を連れて訪れました。この段階では，Ａ君は元気で変わったところは何もありませんでした。家では弟と遊び，日曜日には友達とボール遊びをしていました。このような事例では，不登校を重大視することなく，すぐさま学校復帰へともっていくことが重要です。母親には学校復帰についての心理教育を行いました。Ａ君には頑張って学校へ行くように約束しました。母親は早速学校側に連絡しました。学校側は受け入れ体制を整え，教室では担任の先生の配慮で，クラスメイトがＡ君を歓迎するようにもっていきました。翌朝，Ａ君は父親の準備した自家用車に素直に乗りました。学校に着くと，父親と一緒に教室へ入りました。その後，Ａ君の支援は担任の先生に順調に引き継ぐことができ，Ａ君は１日の欠席もなく小学校を卒業し，中学校に入学しました。

事例２　２年間不登校が続いていた小４の女児Ｂさん：最初にイメージエクスポージャーを行い，その後に現実エクスポージャーを行ってスムーズに学校復帰した事例

父親の転勤で，Ｂさんは新しい学校に転校しました。「友達がいない」「男児に悪口を言われた」「前の学校に戻りたい」と母親に訴えていました。Ｂさんは渋々登校していたものの，しばらくして，朝，腹痛と頭痛を訴えて学校を休むようになりました。母親が強く登校を促すと，暴言を吐き，登校への拒否反応を示していました。母親は，仕方なくＢさんのなすがままにしていたので，不登校は長期化していきました。私たちは母親からの相談を受け，訪問支援を行うことにしました。幸いにＢさんには拒否反応はなく，私たちを受け入れてくれました。Ｂさんと母親と支援者の三者で話し合いを持ち，段階的に登校する道筋をつける心理教育を行いました。早速，学校側にも連絡して，協働・連携体制をとりました。はじめに，段階的に学校へ近づく階層法を作り，イメージでエクスポージャーをしていきました。週２回のセッションを６セッション行い，次に現実エクスポージャーに移行しました。これは以下のようなプロセスで行われました。

①支援者がＢさんを車に乗せて学校周辺を一回りした。
②担任の先生が家庭訪問して，Ｂさんを車に乗せ学校に同行した。
③教室では先生の配慮により，楽しいクラス会が開かれた。
④翌日は父親が同行し，２時間目まで授業を受けた。
⑤次の日は３時間目まで授業を受けた。
⑥友達と一緒に登校し，終日授業を受け，友達と一緒に下校した。

このようにして，Ｂさんは約２週間で学校に適応していきました。

その後，中学校も卒業して高校に進学しました。

事例３　入学時から不登校傾向：児童施設に入所し集団登校ができたが，家に戻った後，再び不登校になった慢性型の小３の男児Ｃ君

この事例では，支援者が家庭訪問をして，両親と話し合い，保護者が直接学校へ連れて行く方法をとることにしました。学校側に保護者が連れて登校すると連絡して，実行することにしました。Ｃ君は，家では母親が運転する自家用車に乗り込みましたが，学校に着くとなかなか車から降りようとしませんでした。担任の先生が半ば無理して降ろすと大声で泣き，母親と先生が話している間に，Ｃ君は１人で家に帰ってしまいました。その後，母親が再びＣ君を学校へ連れてきました。担任の先生が教室へ誘導しましたが，Ｃ君は抵抗して教室へ入ろうとしません。それを見た校長先生は，「こんなに頑固に嫌がるのだから，他に病気があるのかもしれません。しばらく休ませましょう」と言い，母親はＣ君を連れて家に帰りました。母親から一連の経緯の報告を受けた支援者は，すぐに校長先生に電話を入れ，この事例は無理してでも継続して登校を働きかけることを提案し，「保護者が学校に連れて行くので学校側は受け入れて下さい」とお願いしました。ここからは父親の出番となりました。父親がＣ君と母親を自家用車に乗せ，直接教室へ連れて行きました。しかし，Ｃ君はなかなか自分の席に着かず，教室の後ろにうずくまっていました。２時間目まで教室にいて帰ることが許されると，急に元気がよくなって，両親に伴われて喜んで帰っていきました。

保護者から電話連絡を受けた支援者は，訪問支援をすることになりました。ただ支援者は保護者を背後から支援し，両親が積極的に

C君を学校へ連れていきました。支援者は，心細くなっている両親を励まし，サポートしていきました。また，支援者は学校で校長と担任に会い，C君が自ら登校し，正常な学校生活を送れるようになるまで皆で支援していくことで合意しました。次の日も，支援者は，登校時刻に家庭訪問をしました。C君は，前の晩に時間割を調べ，登校準備をしてから寝ました。しかし，朝になるとトイレにこもり，出てこないC君を父親がトイレから出し，車で学校へ連れて行きました。父親が教室に連れて入り席に座らせようとすると，うつむいたままはじめて席に着きました。それについて先生がすかさず褒めました。ご褒美として，その日は1時間目で帰宅が許されました。C君は，先生に挨拶をして帰りました。次の日も父親と一緒に車で登校しました。教室に入ると自席に着き頭を上げました。拒否の程度がだいぶ弱くなりました。1時間目の国語の授業では教科書を開き，それについて，先生やクラスメイトも喜び合いました。先生の配慮で，C君の授業時間を段階的に延ばしていきました。状態は一進一退したものの，1日も休まず兄と一緒に父親の車で登校するようになり，最後は，兄と一緒に徒歩で登校できるようになりました。教室ではクラスメイトとも話しをするようになり，給食もクラスメイトと一緒に食べ，最後まで授業を受けられるようになりました。支援は夏休みを挟んで約5カ月かかりましたが，C君は正常な学校生活が送れるようになりました。

中学生の学校復帰の方法

一般に，中学生の不登校の学校復帰は小学生に比べて困難です。たいていの中学生の不登校は長期化し，ひきこもりになっていきます。その対応について，保護者は学校復帰を強く望んでいますが，子どもが強く抵抗し拒否行動をとると，どのように対応していいかわからず，たいてい途方にくれます。学校側も相談機関も「子どもの立ち上がりを待ちしばらくは見守る」という方法をとり，学校復帰に対して具体的な進め方の教示がありません。保護者が学校復帰を諦めると，子どもは自由気ままの生活に入り，ゲームをやったりして終日過ごします。

このような子どもたちをどのようにして学校に復帰させたらいいのでしょうか。ここで，保護者を中心に学校側や関係機関が訪問援助（アウトリーチ）を行い，三者が協働・連携して学校復帰に成功した中学生の事例を示したいと思います。

事例４　約10カ月の間不登校で自室に引きこもっていた中学校３年生の男子Ｄ君：保護者・学校側・相談機関の三者が協働・連携して学校復帰させた事例

Ｄ君は，祖父母の家におり，母親と祖母が相談に訪れました。1年次は欠席もなく，学業成績も上位で順調に過ごしていました。2年生の半ばから，朝に頭痛を訴えて時々学校を休むようになり，3学期には全く登校しなくなりました。Ｄ君から不登校の理由について語られることはなかったということでした。母親は「クラスメイトの女の子からいじめられていて，その時に学校側は何もしてくれませんでした」と不満を述べていました。Ｄ君は個室に閉じこもり，教科書を開く気配もなく，もっぱらゲーム機で遊んでいました。

相談機関の２人の支援スタッフがＤ君の訪問支援を行いました。個室の前で数回呼びかけると，Ｄ君はマスクをして出てきました。呼びかけに応えて出てきたことを大いに賞賛しました。Ｄ君は支援スタッフの話しかけに声は出しませんでしたが，拒否的な態度ではありませんでした。その日は長居をしないで，再度の訪問を約束して握手をしました。

支援スタッフは５日後に再度家庭訪問を行いました。Ｄ君に呼びかけると，しばらくしてからマスクをして個室から出てきたので，出てきたことを大いに褒めました。支援者が「時には外出した方がいいよ。一緒に外へ出ようか」と誘うと，個室に戻り制服に着替えて出てきました。その後，祖母の車で学校の周りを一回りすることになり，支援スタッフも後方から自家用車でついていくことにしました。支援者はＤ君が外に出られたことを大いに賞賛しました。担任に報告したところ，先生も喜んで家庭訪問を行いました。担任から「学校に出てくれば数学を教えるよ」と誘われると，高校進学の意思を持っていたＤ君は登校への気持ちが動いたようです。支援スタッフも「高校進学を望むなら，中学でも登校していた方がいいし，中学校の教科に力をつけていた方がいい。英語と国語なら私たちが教えられるよ。家庭訪問の時一緒に勉強しよう」と促しました。

中学３年の２学期半ばから，支援スタッフは，週に１回の家庭訪問を行い，Ｄ君の学習指導をすることになりました。教科の学習も進み，Ｄ君の学力もついてきました。支援者が宿題を出すと，それもすべて解き終わっていました。保護者も支援スタッフもＤ君を大いに賞賛しました。Ｄ君は次第に自信を持つようになり，支援スタッフの訪問支援を待つようになりました。この段階で，祖母の車で登校して担任に会い，週４～５日の１時間程度数学の個別指導を受けました。しかし，級友のいる教室には入れず最後まで別室登校でした。

Ｄ君は，卒業式には参加できませんでしたが，校長室で保護者と担任の前で卒業証書が授与されました。その後，合格した高校の入学式に参加し，バス通学を始めました。教室にも入れるようになり，クラスメイトと一緒に授業も受け，友達もできました。その後，Ｄ君は欠席することもなく，充実した高校生活を送りました。

5. 場面緘黙

[概要]

幼稚園や学校で全く話をしない子どもがいます。はじめのうちはその場面に慣れないから，口を開かないのであろうと思っていても，いつになっても「はい」という返事さえしません。そういう子どもでも，不思議なことに，家庭では普通に皆と話すことができます。彼らは器質的障害，例えば，聴力や口腔の障害とか重度の知的障害があるのではなく，ただ心理的原因で話をしないのです。すなわち，他人との会話に緊張感を持ち，会話を回避しているということになります。緊張感そのものが緘黙を持続させており，それがすでに習慣化してしまっています。このように，場面や人に対して選択的に，しかも長期にわたって話さない状態を**場面緘黙**（selective mutism）と呼んでいます。また別名，選択性緘黙症または心因性無言症ともよんでいます。

[治療プロセス]

緘黙症の子どもたちの言語活動において，家庭は最も不安のない場面であるのに対して，クラスメイトのいる教室はもっとも不安のある場面となります。治療法としては，自由に話ができる家庭から段階的に発声場面を広げていき，最終的にはクラスメイトのいる教室で自発的に話をするようにもっていきます。具体的には次のような方法で進めていきます。

第1段階：治療者とのラポールの形成と治療に対するモチベーションを高める段階

治療者が家庭訪問をしたり，遊戯室で一緒に遊ぶなどしてラポールを形成します。その過程で治療への動機づけ（モチベーション）を高めていきます。

第2段階：興味・関心を媒介にして口を開かせる段階

例えば，プラモデルを一緒に作りながら「はい」と言うような簡単な単語をださせます。はじめから有声音を発することに抵抗がある場合，誰かと話している場面をイメージさせたり，無声音で言いたいことを表現させたりするような工夫を行います。

第3段階：人や場面の範囲を拡大・促進させる段階

治療者と一対一の関係から始めて，同席者を漸次増やしながら発声の訓練をします。会話場面も治療室や遊戯室から保健室，職員室，教室へと拡大していきます。

第4段階：現実場面に応用させる段階

現実場面に広げていく段階です。声を出してお店で買い物をする。友達に電話するなどして，自発的発声の機会を設定し，現実場面での適応を促していきます。ここでのポイントは，少しでも前進したら褒めて発声を強化することです。

6. 強迫症

［概要］

強迫症（obsessive compulsive disorder）には頭から雑念が離れない強迫観念と，ある行為にとらわれる強迫行為があります。強迫行為の主なものとして，洗浄強迫と確認行為があります。洗浄強迫は「身体に細菌や汚れたものが付着しているのではないか」と不安になり，それを洗い落そうと過剰に手を洗ったり，手がふやけるほど石鹸を使って洗うといった行為です。確認行為は「鍵をかけたか」「火を消したか」などが不安になり，その確認を何回も繰り返す行為です。その他の症状として，数字にこだわるとか，いろいろな物を過度に収集したりといったものもあります。強迫症の治療は，一般に難しいといわれています。特に，強迫観念の治療は難しく，治療は容易ではありません。しかし，最近マインドフルネスが治療の分野に導入されたこともあって成果をあげています。強迫行為については，**曝露反応妨害法**（exposure and response prevention：ERP）もしくは**曝露儀式妨害法**（exposure and ritual prevention）が適用されて大きな成果をあげています。これは，必要以上に手を洗ったり，確認する気持ちがあっても，その反応（行動もしくは行為）を決してさせないようにする方法です。実際，クライエントにとって，治療中に強迫行為をさせてもらえないというのはとても苦痛を伴うことですが，そこを乗り越えないと治療に成功しません。忘れてならないことは，治療実践の過程でクライエントを励まし，頑張っていることを褒めることです。

事例　中学２年生男子

中学２年生のＫ君は，学校のトイレ掃除の当番になりトイレの掃除を行いました。しかし，それ以来「手に汚れが付いているのではないか」と気になり，１日に50回も手を洗っています。洗うのをやめるように言っても決してやめることができません。そこで曝露反応妨害法を適用することにしました。治療のプロセスにおいて，洗う行為を段階的に少なくするようにしました。治療開始から１週間は1日45回以内と決め，それが実行できたら大いに称賛しました。次の１週間は１日40回以内と決め，それが実行できたら次は35回以内にして段階的に進めていきました。また，それをノートに記録していきました。学校では，担任や養護教諭の協力，家庭では家族の協力もあり，治療は順調に進み約３カ月で終結することができました。

7. 慢性疼痛

［概要］

疼痛は急性の疼痛と**慢性疼痛**（chronic pain）に分けられ，後者では，しばしば心理的要因が関与していることが多いと言われています。疼痛の場合，周りの人がクライエントの痛みに関心を示し，同情したりすると痛みは維持されます。また，疼痛のクライエントは痛みを回避する傾向があります。「痛いから何もできない，痛みさえなければ何でもします」と訴えることも多いです。このような時，周りの人はクライエントが痛みを回避しないで，それに直面させた状態でできる行動を行わせます。痛みを抱えながら少しでもできる行動を行った場合，それを褒めていきます。

事例　高校１年生女子

高校１年のＫ子さんは元々体育が不得手でした。体育の時間に跳び箱を飛んだ時，右半身に痛みが走りました。その時，体育の先生に「君の飛び方はぎこちない。そんな飛び方をすると筋肉を痛めるよ」と指摘され，その指摘を恥ずかしいと感じました。痛みに関して，いくつかのクリニックで検査を受けましたが，どこのクリニックでも医学的には異常は認められませんでした。Ｋ子さんの右半身の痛みは，心理的要因が関与していると考えられ，跳び箱からの回避行動としての症状ととらえることができました。治療において，本人と家族に対して，Ｋ子さんの身体の症状は心因性であり，家族が示す同情や心配が症状を持続させていること，また，休学してさまざまなクリニックにかかっていることも，結果的に本人の身体症状を持続させていることを説明しました。

8. 心因性視力障害

［概要］

子どもは，身体的・器質的障害がなくても，種々の身体症状を示す場合があります。これらは，**心因性障害**（psychological disorder），**機能性障害**（functional disorder），または**転換性障害**（conversion disorder）と言われてきました。ここでは，その中の１つである**心因性視力障害**（psychological visual disorder）を取り上げます。心因性視力障害は，眼の器質的な障害は認められないものの，視力低下，かすみ目，視野狭窄などが認められる障害です。小中学生に多く見られますが，可逆性の障害で，精神的な問題が解決すれば，症状は消失します。

事例　中学校２年生女子

中学校２年生のＢ子さんは，約半年前から黒板の文字が見えにくく，教科書も読みづらいと訴え，専門医による視神経や網膜の電気生理学的検査等を行いました。その結果，医学的に異常はなく，しかも視力障害は変動なく一貫して半年も続いていることもあって，**仮病**（malingering）ではなく心因性視力障害と診断されました。Ｂ子さんの症状の機能分析を行ったところ，次のようなことがわかりました。Ｂ子さんの学業成績はあまりよくなく，クラスで中程度でした。彼女の成績は希望高校に合格するラインに達しておらず，希望高校に合格するためには成績アップが必要でした。保護者もそれを期待し，Ｂ子さん自身もそれを強く望んでいましたが，成績は思うように伸びませんでした。このような時に視力低下が生じていました。Ｂ子さんは，このような葛藤がストレスとなり，その状態からの回避行動として，学業と最も関係のある視力障害となり，その結果，現在の成績が容認されたものと考えられました。さらに，保護者からの同情や心配という強化を受け，症状が持続していると考えられました。介入の進め方としては次のような方法をとりました。B子さんは視力検査表を用いて訓練を受けることになりました。訓練の内容は，検査表の前に立ち最も大きな文字や図形を見て回答をさせるという方法でした。1回目，B子さんは，視力0.1～0.3相当の最も大きな文字や図形を見るという訓練を行いました。正しく答えたら，すぐさま検査者や治療協力者は「よくできました」と言語的賞賛を与え拍手をしました。これをセッションごとに5回前後繰り返し，次の水準（0.4～0.6）へと進めていきました。このような訓練を2～4日間隔で行いました。結果はオペラント水準（ベースライン）で0.1だった視力は，1回目の訓練後では0.3になり，2回目のセッションの訓練後では3回目測定で0.4に上昇しました。さらに，3回目の訓練後の測定では，視力は0.5まで上昇していました。間隔を3日おいた4回目の訓練後には，B子さんの視力は0.7まで回復しました。この段階でB子さんの申し出により，治療訓練を終了することになりました。4回の治療訓練で視力は改善し，3カ月のフォローアップ後の経過も良好でした。

9. 食行動症（外食恐怖）

［概要］

保育園や幼稚園，さらには小学校に入園・入学して，初めての給食で，クラスメイトと一緒に食事が摂れない子どもがいます。このような子どもたちは，家族とは一緒に食事ができますが，慣れない集団において，食事をすることに困難を感じます。彼らは，これらの場面で一様に緊張感を持ち，そこから回避することで緊張軽減という強化を受けていると考えられます。それが結果として，皆と一緒に食事ができないという**食行動症**（feeding disorder）となっています。

事例　６歳女子

６歳のＣ子さんは，Ａ保育園に入園して１年４カ月が経過していますが，他の園児と一緒に食事が摂れず，１人離れた所で給食を食べていました。誕生パーティーなどで園児が集まり，そこでお菓子や果物が出されてもまったく食べませんでした。Ｃ子さんはこの保育園の保育士の紹介で，私たちのクリニックを訪れました。Ｃ子さんへの介入方法として，私たちは，エクスポージャー法を適用することにしました。1回目から3回目までのセッションでは，食事集団とは離れた隅で，仲の良い男児と２人だけで給食を摂らせることにしました。その後，４人で給食を食べる訓練をしました。これと並行して，Ｃ子さんを小グループから大グループに段階的に接近させていきました。その結果，約１カ月で他の園児と一緒にほとんど緊張なく給食が摂れるようになりました。

10.　神経性やせ症

［概要］

神経性やせ症（anorexia nervosa）は，体重が増えることに強い恐怖を感じ，この恐怖を管理するために食べ物を制限したり，過度の運動をする障害です。自分の体に対して歪んだイメージを持ち，体重が少なくても太っていると思い込んでしまうこともあります。思春期の女子に多く見られ，思春期やせ症とも言われています。最近では，低年齢化して子どもにもみられるようになりました。重症化すると治療が困難になります。

事例　小学校５年生女子

小学校５年生のＤさんが私たちのクリニックを訪れた時，体重20.4kgで，同年代の標準体重に比べて約30％も軽く，やせが目立っていました。家族構成は，両親と同胞４名で，Ｄさんは第３子で第２子と双生児でした。出産時に立ち会った医師による胎盤や卵膜等の検査から，一卵性双生児と診断されていました。上に姉，下に弟がいます。やせのきっかけは，虫垂炎で２週間の入院をしたことでした。その時からＤさんは，少量の食事しか取らなくなり，次第にやせていきました。しかし，学校には普通に登校し，友達ともよく遊んでいました。Ｄさんが私たちのクリニックに来た時は，食事を普通に取らなくなって10カ月が経過したところでした。保護者は，Ｄさんはやせていて，食事量は少ないのによく動き回ることを心配していました。私たちは，行動療法を導入するに当たって，機能分析を行いました。その中で，Ｄさんの症状が虫垂炎の手術を**契機**（trigger）に発症したことに注目しました。しかも，その文脈として，家族の中で，長い間末っ子として育てられていたＤさんの６年下に，はじめて男児が誕生したという出来事もありました。保護者，特に母親は，この弟に愛情を注いでいました。Ｄさんにとっては，長い間愛情の欲求不満状態にあったものと推定されました。このような時の入院は，欲求不満状態からの解消としての回避行動の絶好の機会と捉えることができます。しかも，この回避行動を長く持続させるためには，母親のＤさんへの心配や関心という一連の強化が，拒食であり，やせということになります。この機能分析に基づいて，私たちは次のような介入を行いました。まず，保護者に対して心理教育を行いました。Dさんの摂食障害は，本人の拒食ややせに対する保護者（特に母親）の心配や関心によって持続させているということを伝えました。その上で，母親の行動で，Dさんの摂食行動の強化子となっている一連の行動を中止してもらいました。つまり，Dさんが食べないことややせていることに対して，母親は一切関心を示さないようにしてもらいました。このような強化撤去の手続きをとりながら，望ましい摂食行動を再形成していきました。

具体的な介入方法は次の通りです。

①母親をはじめ家族は，Dさんの望ましい食事行動には積極的な関心を示す。食べようとする一連の行動には注目して，褒めて強化する。その一方で，食べない行動には徹底して関心を示さない。
②食事行動を促進するために間食を控え，食事時にお腹をすかせておくようにする。すなわち，飢餓動因を高める確立操作を行う。
③トークンエコノミー法を導入する。当時，弟は自転車を買ってもらっていたが，Dさんは買ってもらえず，非常に欲しがっていた。そこでトークンエコノミー法導入時には，体重が21gあったので，25kgに達したら自転車を買ってもらえる約束をした。そこで，1kg増えるごとに1枚のトークンを与え，それが4枚になった時点で現物を与えるという約束を父親と交わした。

週1回程度のクリニック通院で，本児と母親に心理教育がなされました。最初はわずかな体重増加しかみられませんでしたが，その後のトークンエコノミー法の導入で，急速な体重増加を示し始め，

6カ月後には目標体重の25kgに達しました。そして，Dさんは念願の自転車を手に入れることができました。最終的には，双子のお姉さんと大体同じぐらいの体重になり，その後順調に成長していきました。

11. ガソリン吸入依存症

［概要］

以前は，シンナー・ボンド等の乱用で警察に補導される子どもたちが多くいましたが，最近では，警察の取り締まりが厳しくなり，少なくなりました。この種の乱用にガソリン吸入乱用の子どもも見受けられました。筆者は以前，この**ガソリン吸入依存症**（gasoline inhalation dependence）の子どもの治療を依頼され，行動療法を実施し，成果をみましたので紹介します。

事例　高校生1年生男子

M君が中学1年生の時に父親がバイクを購入しました。M君は父親の購入したバイクに興味がありよく触っていました。ある時，たまたまガソリンタンクの蓋を開け，ガソリンのにおいを嗅いだところ「とてもいいにおい」がして，その後は退屈な時に，家のバイクばかりでなく，学校帰りにお店のバイクのガソリンも人に隠れて吸入するようになりました。そのような行動が2年半も続き，保護者は心配して，大学病院を受診しました。筆者は当時大学病院の心理室で行動療法を行っており，嫌悪療法を用いてM君を治療することになりました。嫌悪刺激として低周波治療器を用い，それを右腕に巻き，電気刺激を与える治療手続きを行いました。1セッションを10分間として，まず，1分ごとに分け，はじめの20秒間ガソリンの入った瓶を提示するのに続いて，充分に不快感を生ずる程度の電気刺激を数回瞬間的に与え，電気刺激を取り去ると同時にガソリンも取り除きました。残り40秒を休憩にして，これらの手続きを1セッションで10回繰り返しました。これをはじめの18セッション行いました。その後セッションでは，イメージによる治療を行いました。治療者は「これから私の言うことを生き生きとイメージして下さい。向こうにバイクが見えますね。周りには誰もいません。バイクに近づいていきます。ガソリンの蓋を開けました。それに鼻を近づけます」に続いて，電気刺激を前半と同じような手続きセッションを行いました。これらのセッションの中で，次のような方法も導入しました。すなわち「これ以上ガソリンは吸入しません」と声に出すのに随伴して，電気刺激を切る治療手続きを数回加えました。24セッションの頃には，M君は「ガソリン吸入の欲求は全く消失しました。自信が出てきました」と述べ，34セッションでは「これ以上治療は受けたくありません。もう大丈夫です」と訴えました。嫌悪療法では，ある程度の過剰条件づけが必要と思われたので，さらに42セッションまで続けて治療を終了しました。これらの治療手続きは，嫌悪刺激を取り去ることで，ガソリン吸入をやめることであり，これは負の強化としての回避行動を高めることになります。治療終結から8カ月後のM君の手紙では「退院してからは，以前とは全く違い，自信が出てきました」。また，治療終結から3年後の手紙では「その後は以前のようなことは全くなく，順調な毎日を送っています。これもすべて先生のおかげだと深く感謝いたしております。今考えてみると，自分の精神的弱さをしみじみ感じます。それと同時に，無いカネを使って親に心配をかけたことで，もう絶対にこのようなことをしてはいけないということを強く感じます」と書かれており，治療効果の維持を確認することができました。

12. 恐怖症

［概要］

子どもは，暗やみ，高所，閉所などに恐怖を持ちます。また，ある種の昆虫や動物にも恐怖を持つ場合もあります。人間には生物的準備性があって，ヘビにみるように生まれながらに怖がるものもありますが，大部分は学習性の恐怖症です。それでは，子どもの**恐怖症**（phobia）はどのように起こってくるのでしょうか。イヌ恐怖症の例をあげると，多くの場合，子どもの時に「突然吠えられた」「咬まれた」などの非常に怖い体験をしています。このように，恐怖症も学習の結果形成されるものなのです。すでに指摘したように，ワトソンとレイナー（Watson & Rayner, 1920）によるアルバート坊やのネズミ恐怖症と同じメカニズムによって，一般の恐怖症も獲得されます。また，恐怖を惹起する無条件刺激が強ければ，たったの1回の条件づけでも恐怖症が形成されます。さらに，直接的な条件づけ過程を経なくとも，モデリングによって代理的に恐怖を獲得する場合もあります。恐怖症状がなかなか消失せず，その後も長く続く理由としては，現実生活でその恐怖症状に直接さらされず，回避しているからと考えられます。アイゼンク（Eysenck, H. J.）は，無条件刺激と条件刺激の条件づけがなされた場合，その後，同様の条件づけがなされなくとも，その条件刺激が無条件刺激の役割を果たし，それが恐怖症状を引き起こし，恐怖の条件づけはますます持続していくと主張しています。彼はこれを**インキュベーション理論**（incubation theory）と言っています。

[治療プロセス]

それでは，このような恐怖症をどのようにして軽減し，治療していくのでしょうか。すでに，1924年に行われたジョーンズ（Jones, 1924）によるウサギ恐怖症の除去が今日の恐怖症治療の基礎になっています。そこでは，子どもをウサギに段階的に接近させていく方法をとっています。また他の方法として，ウサギと仲良く遊んでいる子どもを観察させるアプローチもあります。前者を**現実脱感作法**（in vivo desensitization）と言い，後者を**社会的モデリング**（social modeling）と言っています。最近では，日常生活の中で恐怖症状に直面させて，段階的に曝すことが治療の基本になっています。

13. かんしゃく

[概要]

自分の思う通りにならないと大声を出し，悪態をつき，足を踏みならし，ひっくり返り，物を投げ，時には頭を柱にぶつけたりする子どもがいます。これは子どもの**かんしゃく**（temper tantrums）行動です。子どもが2歳ぐらいになると，何でも自分でしたがります。それを周りの人にさえぎられるとかんしゃくを起こします。それ以降は，年齢を重ねるに従って次第に少なくなっていきます。しかしながら，ある子どもは，ちょっとした欲求不満でかんしゃくを起こし，保護者や施設のスタッフを困らせる場合があります。その子どもは，かんしゃくを起こすことで，自分の欲求が満たされるので，その後もよくかんしゃくを起こすようになります。保護者はかんしゃくを鎮めるために，おもちゃ等を買い与えます。このような行為は，保護者が知らず知らずのうちに，子どものかんしゃく行動におもちゃという強化子を与えていることになり，この種のかんしゃく行動がその後も続くことになります。かんしゃく行動も学習の結果です。

［治療の留意点］

子どものかんしゃく行動をなくすには，次のようなことに留意する必要があります。

(1) かんしゃく行動を維持している強化子の除去

子どもがかんしゃくを起こした時，周りの人はその要求をかなえてやったり，機嫌をとったりしがちです。そのような周りの人の行動は，子どものかんしゃく行動を強化していることになります。また，そのような時に，かんしゃくの理由を問いただしたり，叱責したりすることも子どもに注意を向けることになるので，望ましくありません。何とか早くかんしゃくを鎮めようと，子どもの要求を聞き入れるのも，かんしゃく行動を強化していることになります。子どもの一連の行動を十分知った上で，強化子となるものを決して与えないことが重要です。とにかく，子どもがかんしゃくを起こしても，徹底して無視しなければなりません。無視することはなかなか難しいものですが，同情して1回でもかんしゃくに負けてしまったら，そのかんしゃく行動を部分的（間歇的）に強化することになり，その行動の消去抵抗が大きくなり，かんしゃく行動を消去することが難しくなります。子どものかんしゃく行動に対して，周りの人が取り合わなければ，一時的にそのかんしゃく行動は手に負えないほどひどくなります。この現象を**消去バースト**（extinction burst）と言います。子どもの消去バーストが起きた場合，周りの人は一致してかんしゃく行動が鎮まるまで取り合わない態度をとることが重要です。施設などであれば，スタッフが協力して行動に取り合わない一貫した態度を行うことが大切です。

(2) かんしゃく行動とは反対の望ましい行動を積極的に褒める

かんしゃく行動を鎮める働きかけをする一方で，それとは相対立する行動，すなわち，望ましい行動に対して積極的に強化するという周囲の人の配慮が重要です。例えば，かんしゃくをおこして，自分の要求をとおそうとする時は，絶対にかなえてやらず，その代わりに望ましい行動をした時にかなえてやるようにします。

(3) タイムアウト法の併用

ひどいかんしゃく行動で，消去法とオペラント強化法でもかんしゃく行動がやまない場合は，かんしゃく行動が起こったら，その場所からすぐさまタイムアウト室（別の場所や部屋）に連れて行くようにします。その後は，かんしゃく行動がおさまり次第外へ出すようにします。タイムアウト室でかんしゃく行動が継続している場合は，それがおさまるまで外に出さないようにしましょう。

14. 指しゃぶり

［概要］

乳幼児が**指しゃぶり**（finger sucking）をすることはごく普通のことで，3歳ごろまでは重大視することはないようです。しかし，それが5～6歳になってもなお持続しているとなると，望ましくない習癖となります。例えば，吸っている指がふやけたり，タコができたり，さらには歯並びが悪くなったりします。従来，我が国においては指に包帯を巻いたり，テープをはったり，コショウをつけたりして指しゃぶりを禁止しようとする方法がとられてきました。このような方法は，行動論の立場からみると，罰的コントロール（嫌悪療法）であまり望ましい方法ではありませんでした。

事例　5歳女児

5歳のLさんは，幼少時から左手の人差し指と中指をしゃぶっていました。幼稚園では指をしゃぶりませんが，家に帰ってくると，テレビや絵本を見ながらしゃぶり，夜ベッドでは必ず口中に指を入れて，時には音がするほど強く吸っていました。そこで，トークンエコノミー法を導入して，問題の解決を図ることにしました。絵本を10分間読んだ時，指しゃぶりがなかったらトークンを1枚もらえるということにしました。これが10枚たまったら，絵本を1冊買ってもらえることにしました。段階的に交換数を増やしていき，交換物も「ぬいぐるみ」などの高価なものにしていきました。介入の結果，約2カ月でLさんは指しゃぶりをしなくなりました。

15.　家庭内暴力

［概要］

家庭内で頻繁に暴力を振るい，家具を壊したりする子どもがいます。このような行為は，家庭内でみられ，その対象は主に母親に向けられています。保護者が警察を呼んだ場合，子どもの暴力はすぐに止み，我関せずの態度をとります。しかし，警察が帰ると，子どもはまた暴力を振るいます。子どものこの種の暴力を**家庭内暴力**（violence at home）と言っています。彼らに共通していることは，一様に過保護に育てられていることです。母親は，子どもが幼少の頃から子どもが要求しなくとも子どもによかれと思い，次々とおもちゃをはじめ，いろいろなものを与えてきています。このような母親の行動によって，子どもは望めば何でも手に入れることができるということを学習します。子どもが成長するにつれ，その要求物は次第にエスカレートしていきます。さらに別の高価なものをねだり，保護者を非常に困らせます。子どもが望めば，保護者はこれまでいつも買い与えてきただけに，子どもは保護者が最後に折れることを知っています。しかし，保護者は，そんなに高価なものをいつも買い与えてやれるものでもありません。そこで，子どもは大声を出し，ものを投げ，家具を壊し，挙句の果てには保護者に暴言，暴力行為に出ることがあります。その場合，保護者は仕方なく子どもの要求をのみ，要求された物をしぶしぶと買い与えることになります。この行動のパターンの悪循環にはまると，子どもの行動は一向に改まらないどころか，子どもの要求が増大し，保護者は自分の手に負えなくなっていきます。このような子どもの暴言・暴力という行動は，皮肉にも保護者が買い与えた強化子としての高価な品物によって強化され持続していきます。

［治療プロセス］

一般に，この種の暴力をやめさせることはなかなか困難です。病院や施設に収容して，家庭から一時的に分離してみても，再び家庭に帰ってくれば，このような行動は再発することが少なくありません。また，保護者が一方的に収容させたということで，さらに暴力がひどくなったりします。このような行動は，保護者と子どもの長い生活史の過程で徐々に形成されてきたものであり，その対応は，あくまでも保護者と子どもの関わりのもとで進めなければなりません。治療過程としては次のようになるでしょう。

①保護者は，子ども，治療者の三者で十分な話し合いを持ち，これからは，この種の要求は決して認めないことにします。保護者は，子どもが暴言を吐き，泣きわめき，暴力を振るってもそれに耐えなけ

ればなりません。

②子どもの理不尽な要求を認めるようなことを決してしないことはもちろんのこと，子どもに謝ったり，譲歩したり，機嫌をとるようなことは決してしないようにします。子どもの理不尽な要求に対して，断固とした態度をとり続けます。保護者は状況に耐えられなくなるかもしれませんが，それをどうにか越えさえすれば，その後，暴言暴力は次第に減少していきます。ここで大切なことは，この方法をとり始めたら，他人任せにせず，保護者が最後まで責任を持ち，終始一貫した態度をとり続けるということです。

③保護者は，子どもとの関わり合いが長いので，子どもに少しでも同情し，気を緩めて暴言・暴力に随伴するような形で一度でも要求を受け入れると，この種の行動は再びぶり返します。ただし，子どもの要求をすべて拒否しなければならないということではなく，子どもの暴言や暴力に負けて，それに折れるような結果で，子どもの要求を飲むという保護者の行動パターンを変えていかなければならないということです。

④一般的には，普通の家庭の子どもが要求するような品物やその他の諸要求は,ある程度満たしてやらねばならないでしょう。その際は，子どもの暴言・暴力がないとき，または家庭内での望ましい行動に随伴させるような形で要求を認めるようにしましょう。

⑤トークンエコノミー法や行動契約法を適用するようにしましょう。例えば，子どもがある品物が欲しいと要求する時，暴言・暴力がなかったら点数を与え，その点数が一定以上になったら，子どもの欲しい品物を与える約束をしておくというようなやり方です。

16. 引っ込み思案

[概要]

幼稚園や学校でほとんど人と交わらない，**引っ込み思案**（withdrawal）のおとなしい子どもがいます。そのような子どもは，誰かが話しかけても言葉少なく返事するかうなずくだけで，自分から積極的に話しかけるようなことはほとんどありません。はじめのうちは，まわりの人が彼（彼女）に話しかけますが，彼（彼女）がそれに十分に応えてくれないため，次第に話しかけるのを控えていきます。その結果，引っ込み思案の子どもは孤立していきます。このような子どもには2つのタイプがあるようです。

1つ目のタイプは，幼少の頃から同年代の子どもたちと外で遊ぶより家の中で玩具や絵本を相手に一人遊びをすることが多いタイプです。このタイプの場合，母親は手のかからない子として，子どもの一人遊びを喜び，それを強化している傾向があります。その結果，自然に同年代の子どもたちとの交わりが少なくなり，人と上手に交わる**社会的スキル**（social skills）の獲得が遅れてしまう可能性があります。2つ目のタイプは，人と交わりたい気持ちはあるが，対人接触の際に不安が生じ，行動に抑制がかかるタイプです。このタイプは，対人接触の場面から回避する行動をとる傾向があります。

[治療の留意点]

実際の治療においては，次の点を考慮してすすめていきます。1のタイプでは，オペラント条件づけの原理に基づいて，子どもが他人と遊ぶことができたり，会話に参加できたら即時的に強化子を随伴させていきます。この時は，言語的賞賛，さらには物的品物を提供します。例えば，子どもにいろいろな種類のキャンディを持たせ「どんなキャンディが欲しいか」を聞いてまわり，好きなキャンディを取らせるようにします。このような方法で，他の子どもとの交流を高めていきます（Kirby & Toler, 1970）。要するに，**社会的スキル訓練**（social skills training）をしていくということです。

2のタイプの子どもにおいては，対人関係で生ずる不安を適切に処置しながら，段階的に社会的交流場面を広げていきます。具体的な治療法として，現実脱感作法を用います。現実場面では，その人特有の種々の不安階層があります。不安の低い場面から段階的に高い場面へと並べて，不安の低い場面から順次脱感作法をしていきます。最近では，脱感作法の代わりに**エクスポージャー法**（exposure therapy）を用います。「エクスポージャー」とは「さらす」という意味です。要するに，不安場面を回避しないで，そこに留まることによって，不安を軽減させていくというアプローチです。治療者は，このような場面での対人的交わりや会話に対して，クライエントをたえず励まし，賞賛を与えなければなりません。治療者は子どもに対して，少々の不安や緊張があっても，そのような場面を回避せず，そこにとどまり，友だちと交わり無理してでも話すことが治療につながることを強調します。

17. 乗り物酔い

[概要]

子どもは動揺にさらされると，主として内耳の三半規管や，小脳その他の平衡感覚を司る器官の機能に乱れが生じ，めまい，フラフラ感，頭痛，吐き気，そして嘔吐などが生じます。このような体験を数回繰り返すか，もしくはひどい体験を1回でも経験すると，酔うほどの事態でなくとも，ただ，短い時間に車に乗るとか，車のにおいをかぐとか，デコボコ道を乗車するとかといったことでも，それに対する条件反応として，気分の悪さや嘔吐が生じます。このように，**乗り物酔い**（car sickness）

は古典的条件づけで形成されます。これは一種の恐怖症であり，これのある子どもは乗車する前から「嘔吐するのではないか」という予期不安を持ち，そのような心理的状態そのものが，種々の自律反応を誘発しやすく，容易に乗り物酔いを招きます。一般に，船員は船に乗り始めの頃，船酔いに苦しめられますが，長期の航海を続けていくうちに消失します。これを行動療法では，**フラッディング法**（flooding）といっています。最近では，**集中的エクスポージャー法**（intensive exposure）と言ったりもします。これと同じように，子どもの車酔いの場合でも，最初は気分が悪くても乗車を恐れず車に乗り続けることで症状が消失します。ただし，子どもの場合は，段階的に徐々に治していくのが賢明な方法でしょう。

事例　小学校２年生女子

小学２年の女子Ｊさんは，幼少時から乗り物に乗ると嘔吐していました。今では自家用車，バス，時には電車にも酔っていました。治療は**イメージエクスポージャー法**（imaginal exposure）を導入しました。イメージで十分な心身の弛緩を行い，いろいろな場面を生き生きとイメージできるようにもっていきました。はじめは，近距離を気持ちよく車に乗っているところをイメージさせ，乗車している状況を適宜に強化していきました。そして，その距離を次第に延長していきました。イメージ中にＪさんは，道路が悪くなり車が揺れても，気分よく車に乗れるようになりました。他方では，現実にＪさんを自家用車やバスに乗せ，イメージと並行して治療を進めていきました。すなわち，**現実的エクスポージャー法**（in vivo exposure）も導入しました。１週に１セッションの５セッションで治療を終えて，３カ月後のフォローアップでは，Ｊさんはいろいろな乗り物に乗っても酔うことはなくなりました。

18. 吃音

[概要]

言葉は，人間にとって重要な言語コミュニケーションの手段であり，それが障害されると，対人関係に支障をきたし，本人自身の悩みの種となります。その障害の1つに**吃音**（stuttering or stammering）があります。吃音は，人口の約1%の割合でみられるといわれています。吃音は日常よくみられる行動障害の一種です。吃音は男の子に多くみられ，2～4歳ごろにはみられます。吃音には，3つのタイプがあるといわれています。1番目は，最初の言葉を繰り返す「連発」で（ぼ，ぼ，ぼ，ぼくは）と，2番目の最初の言葉を引き伸ばす「伸発」（ぼ――くは）と，言葉が発話阻害される「難発」（……ぼくは）の3種類です。

さて，吃音はどのような原因で発現するかといった問題ですが，これには，種々の病因論が提唱されています。それらは大別して発語に関連する脳神経，すなわち，脳の言語中枢に問題があって吃音になる場合と，対人関係や本人自身の不安に基づく心因説とがあります。しかし，実際のところ吃音の原因については，今日でもはっきりしたことはわかっていません。

[治療プロセス]

吃音の主要な治療法は，吃音の原因の解明に有力な手掛かりを与えるものとして注目されているリー（Lee, 1950）らの実験から引き出されたものです。私たちは，自己の発した言葉を同時に空気伝導あるいは骨伝導を通して自分でも聞き取りながら，自己の言語行動を自己監視しています。ところが，正常者に自分が発した言葉を0.1～0.2秒遅れて知覚されるような装置下でスピーチをさせると，スピーチの流暢さはくずれ，ちょうど吃音者のスピーチパターンと似てくることがリーたちによって実験的に明らかにされました。この実験からみて，吃音者は，自己の発した言葉を自分で聞き取るという過程，つまり，自己の発声に対するフィードバック過程に何らかの欠陥があるといったことが考えられます。もしそうであれば，吃音者の場合，自己の発した言葉がその吃音者にフィードバックされないような状態にすれば，スムーズな発語が可能になるのではないかと考えられます。そこで，吃音者をこのような状況下におき，スムーズな発語を訓練させ，それまでの吃音の習癖を修正していくという方法が，1つの治療原理となります。事実，このような方法を用いると，吃音者はスムーズな発語が可能になります。つまり，吃音者は治療者の発語を模倣することで，スムーズな発語が可能になると同時に，これによって正常なスピーチパターンの訓練にもなります。このような方法を**シャドーイング法**（shadowing）と言っています。

もう1つの吃音の治療法として，**メトロノーム法**（metronome method）があります。吃音は，一定のリズムに合わせて話すようにすると，かなり軽減することは以前より知られている事実です。メトロノーム法は，この事実に基づいて，吃音者にメトロノームのリズムに合わせて発語するようにさせ，正常なスピーチパターンを形成していくものですが，そこに，シェイピング法や脱感作法などの諸技法を組み込むことが重要になります。

このメトロノーム法について具体的に述べると，最初の治療法では1分間に40拍節程度のゆっくりしたペースの各拍節音に合わせて，1音節ずつ発生していくように訓練します。このペースで流暢なスピーチができるようになると，50, 60, 90, 100, というように段階的にメトロノームの拍節のピッチを速めていき，同じくこれに合わせてスムーズな発語の訓練をさせていきます。こうして，正常人のスピード（350～400音節／分）までもっていきます。最終的に，日常生活に類似する現実場面に近づけていき，日常生活でも話す機会を積極的にとらえて，話すことが治療につながっていくことを理解してもらう必要があります。

参考文献

Azrin, N. H., Sneed, T. J., & Foxx, R. M.（1974）. Dry-bed training: Rapid elimination of childhood enuresis. *Behaviour Research and Therapy, 12*（3）, 147-156.

Jones, M. C.（1924）. The Elimination of Children's Fears. *Journal of Experimental Psychology, 7*（5）, 382-390.

Kirby, F. D., & Toler, H. C.（1970）. Modification of preschool isolate behavior: A case study. *Journal of Applied Behavior Analysis, 3*, 309-314.

Lee, B. S.（1950）. Effects of delayed speech feedback. *Journal of the Acoustical Society of America, 22*, 824-826.

Mowrer, O. H., & Mowrer, W. M.（1938）. Enuresis—A method for its study and treatment. *American Journal of Orthopsychiatry, 8*（3）, 436-459.

Watson, J. B., & Rayner, R.（1920）. Conditioned emotional reactions. *Journal of Experimental Psychology, 3*（1）, 1-14.

校訂者あとがき

私の恩師である園田順一先生が，2022年2月20日逝去されました。享年86歳でした。園田先生は行動療法の臨床家・研究者として，長年にわたり臨床，研究，教育に尽力されました。

園田先生は1935年鹿児島県にお生まれになりました。鹿児島大学文理学部心理学科在学中の1958年には国家公務員上級職（心理）に合格され，1959年鹿児島大学を卒業されました。

1963年からは鹿児島大学付属病院心理室主任・同医学部講師として勤務されました。同大学付属病院在職中の1972年には，金久卓也先生の指導のもと医学博士の学位を取得されました。学位論文のテーマは「学校恐怖症に関する臨床心理学的研究」であり，不登校に対する行動理論的アプローチの効果を検証されていました。また，鹿児島大学時代は行動療法による心身症の治療に関する症例研究も数多く発表されました。

園田先生は長い間病院臨床に携わり，つねに成果を求められる環境で臨床活動を行っていました。特に，心身症や依存症の患者に対して，当時主流だった精神分析的なアプローチや来談者中心療法的なアプローチでは効果が得られないことに気づき，試行錯誤の末，当時日本ではまだそれほど浸透していなかった行動療法に行き着きました。現在では臨床心理学の分野でエビデンスが重視され，認知行動療法が心理療法の主流となっていますが，当時は学習理論を基盤とした行動療法を進めることは容易ではなかったと先生はいつもおっしゃっていました。

園田先生は症例（事例）を中心に研究を行っていました。園田先生の症例研究はどれも迫力があり，「絶対に治す」という先生の信念と情熱が伝わってきました。先生の数ある症例研究の中で，私に最も大きな影響を与えたのは，先生の博士論文でもある「学校恐怖症に関する臨床心理学的研究」でした。この研究は不登校を学校回避行動と捉え，7歳から19歳までの不登校の児童生徒30名に対し，早期の学校復帰を目標とした行動理論的アプローチを取り入れ，24名(80％)を学校に復帰させたケースシリーズです。先生は，この不登校の研究について私によく話してくださいました。毎朝，不登校児童の家を訪れ，保護者と協力して登校を促していたということでした。この話を聞いて，私は回避行動を消去するには莫大な労力が必要であるということを学ばせていただきました。

園田先生は1986年から1999年まで鹿屋体育大学で教鞭を取られました。私は学部の3年生で園田先生のゼミを選び，その後修士課程の修了まで先生の元でスポーツ心理学，体育心理学を学んでおりました。私はゼミ生としても院生としても非常に手のかかる学生だったのですが，先生はいつも明るく優しく接してくれ，先生から叱られたことはほとんどありませんでした。ただその時は行動療法家としての園田先生を私は全く知らずに修士課程を修了しました。

園田先生は1999年に九州保健福祉大学の教授として着任されました。先生が着任された2年後，鹿児島大学時代からの盟友の高山巖先生も宮崎大学から同大学に着任されました。この年，私は同大学健康管理センターの学生相談のアルバイト職員として採用され，健康管理センターで園田先生と高山先生から行動療法を直接ご指導いただけるという幸運に恵まれました。

園田先生は勉強が趣味のような方で，海外の最新の研究論文を常に読んでおられました。ある時,「前田君，最近文献(英文)を読んでいる時に，どんな単語が出てきても辞書を引く必要がなくなったよ」と私に話され，驚いたことを覚えています。その当時，健康管理センターでの毎日の指導に加え，先生が主宰する週１回の英語論文の輪読会，月に１度の症例研究会に参加させていただきました。その中で先生は，「臨床家は治療（症状の改善および社会適応）できなければ意味がない」「最新の海外の研究論文につねに目を通しておきなさい」とおっしゃっていました。また，症例（事例）研究の重要性，症状や行動のデータ収集の重要性を常に説かれていました。

私は健康管理センターでアルバイトをしながら，園田先生の指導のもと臨床心理士の資格を取りました。その後，九州保健福祉大学の教員になり，教員２年目から中学校のスクールカウンセラーをやることになりました。当時の中学校も今と同様に不登校が一番大きな問題でした。私も中学校の教員といろいろな支援方法を試しましたが，不登校児童が教室に復帰することはほとんどありませんでした。そのような状況で，前述の園田先生の博士論文を初めて読みました。他の論文とはアプローチの方法が全く異なっていました。その当時，先生のアプローチ方法は日本ではあまり研究されていなかったのですが，イギリスでは似たような研究が複数ありました。その時の私のスーパーバイザーだった高山先生からは，「園田先生の方法は不登校治療に非常に効果的だ」とアドバイスされ，私は園田先生のアプローチを踏襲して不登校児童への支援を行うことにしました。先生と同じように，毎朝中学校の教員と不登校児童の家に行き，保護者と一緒に登校を促しました。以前先生からのお話で学校回避行動を消去するのはどれだけ大変かを聞いていたので，行動理論的なアプローチを行うことにはかなりの勇気と覚悟がいりました。しかし，少しでもうまくいくと園田先生と高山先生が大いに褒めてくれて，私の自己効力感を高めてくれました。

園田先生は神経症や心身症は基本的に回避行動（反応）であり，最終的には回避を消去させる，もしくは回避をさせないアプローチが必要になると考えておられました。このようなアプローチを行う場合，当然クライエントに一定の負荷がかかるため，どうすればその負荷を軽減できるかをつねに考えておられました。晩年は，日々の臨床活動に加え，森田療法やマインドフルネスの研究を行い，症状との向き合い方についても研究されておりました。先生は80歳を過ぎてからも不登校児童の家庭訪問を行い，再登校の支援も行っていました。

クライエントのために，生涯現役で体を張った園田先生のような行動療法を実践することは容易ではありませんが，治療とはそれほど地道で大変なものであるということを私は先生から学ぶことができました。また，先生は「一貫した信念を持った優しさ」という人としての姿勢を私に教えてくれました。

令和の時代に入り心理療法は日々進化し，さまざまな新しい治療法が開発されています。しかしながら，時代に左右されない古典的で効果的な治療法があることも事実です。特に子どもの行動療法は保護者の子育てと連動するケースが多く，園田先生はその辺もつねに視野に入れて臨床活動を行っていました。本書はその園田先生の「一貫した信念を持った優しさ」の集大成であるといってもよいでしょう。

本書の出版にあたっては，さまざまな方のご理解とご協力をいただきました。園田先生の原稿を私たちに提供してくださったご遺族のみなさま，校正を提案してくださった宮崎大学の境泉洋先生，私たちに出版の機会を与えてくださった金剛出版の立石正信社長，本書の原稿を担当し，さまざまな助言をくださった出版部の弓手正樹様に心より感謝申し上げます。

2024年1月

前田直樹

索　引

人名索引

事項索引

[あ]

[か]

［さ］

[た]

[な]

[は]

著者略歴

園田順一（そのだ・じゅんいち）

1935 年　鹿児島県に生まれる。
1959 年　鹿児島大学文理学部（心理学専攻）卒業。
1963 年　鹿児島大学医学部附属病院心理室主任。
1986 年　鹿屋体育大学体育学部教授。
1999 年　九州保健福祉大学教授。
2004 年　吉備国際大学大学院臨床心理学研究科長。
2010 年　定年退職後は鹿児島市の病院にて臨床活動に携わる。
2022 年逝去。
医学博士，臨床心理士，専門行動療法士。

著訳書：『科学と人間行動』（2003，二瓶社，共訳），『カウンセリング実践への道（九州保健福祉大学シリーズ）』（2006，角川学芸出版，共著），『子どもの臨床行動療法―その技法と実際』（1978，川島書店，共著）他

校訂者略歴

前田直樹（まえだ・なおき）

1973年2月25日生。九州医療科学大学臨床心理学部臨床心理学科教授。1995年　鹿屋体育大学体育学部卒業，2013年　九州保健福祉大学大学院連合社会福祉学研究科博士課程修了。博士（社会福祉学），公認心理師，臨床心理士，認定行動療法士，九州医療科学大学健康管理センター専門委員（学生相談），宮崎県スクールカウンセラー。

著訳書：『認知行動療法事典』（丸善出版，2019，分担執筆），『自尊心を育てるワークブック―あなたを助けるための簡潔で効果的なプログラム』（金剛出版，2019，分担翻訳）

境　泉洋（さかい・もとひろ）

宮崎大学教育学部教授。1999年　宮崎大学教育学部卒。2005年　早稲田大学博士（人間科学）。公認心理師，臨床心理士。

著訳書：『CRAFT ひきこもりの家族支援ワークブック［改訂第二版］』（金剛出版，2021），『CRA 薬物・アルコール依存へのコミュニティ強化アプローチ』（金剛出版，2018，監訳），『地域におけるひきこもり支援ガイドブック―長期高年齢化による生活困窮を防ぐ』（金剛出版，2017，編著）他

臨床行動療法テキスト

子どものための新世代の行動療法

2024年4月1日　印刷
2024年4月10日　発行

著　者　園田順一
校訂者　前田直樹
　　　　境　泉洋

発行者　立石正信
発行所　株式会社金剛出版
〒112-0005　東京都文京区水道1-5-16
電話 03-3815-6661　振替 00120-6-34848

装幀　岩瀬　聡
組版　古口正枝
印刷・製本　モリモト印刷

ISBN978-4-7724-2029-7　C3011